춤추시는 하나님

헨리 나우웬 지음
윤종석 옮김

HENRI NOUWEN

두란노

Turn My Mourning into Dancing

춤추시는 하나님

춤추시는 하나님

춤추시는 하나님

지은이 | 헨리 나우웬
엮은이 | 티모스 존스
옮긴이 | 윤종석
초판 발행 | 2002. 1. 8
57쇄 발행 | 2024. 11. 12
등록번호 | 제3-203호
등록된 곳 | 서울시 용산구 서빙고동 95번지
발행처 | 사단법인 두란노서원
영업부 | 2078-3333 FAX | 080-749-3705
출판부 | 2078-3444

책값은 뒤표지에 있습니다.
ISBN 978-89-531-1541-5 03230

독자의 의견을 기다립니다.
tpress@duranno.com http://www.duranno.com

인생을 통찰하는 다섯 가지 지혜

Contents

아픈 세상에서 발견하는 희망 :
고난에서 춤으로의 초청

오늘 오후 나와 친분이 깊은 잔이 전화했다. 떨리던 목소리가 충격으로 점점 잦아들었다. 딸이 태어난 지 네 시간 만에 죽었다는 것이었다. "저와 마가렛과 세 살 난 우리 아들이 새 아기를 얼마나 기다렸는지 모릅니다. 조산이었지만 그래도 아이가 살 줄 알았습니다." 평소 선량한 잔이 침통해하며 한 말이었다. 하지만 그들 부부는 생명 활력 징후(vital sign)를 확인한 결과 새로 태어난 레베카가 오래 살 수 없음을 알게 되었다.

중환자실에서 잔과 마가렛은 어린 생명을 품에 안았다. 그리고는 모든 것이 끝났다. 잔은 아기를 위해 기도한 후 성호를 그었다고 했다.

잔의 그 다음 말에 나는 할 말을 잃었다. "병원에서 돌

아오면서 하나님께 계속 이렇게 말했습니다. '하나님이 주
신 레베카를 다시 하나님께 돌려 드립니다. 하지만 우리가
꿈꾸던 아름다운 미래가 꺾여 나간 것은 분명합니다. 우리
아기를 잃다니 정말 견디기 힘든 고통입니다. 너무 허탈합
니다.'"

나는 적당한 말을 찾아보았다. 무슨 말을 해 줄 수 있을
까? 구태여 잔의 슬픔을 가로막고 싶지 않았다. 그렇다고
전혀 위로하지 않고 그냥 슬퍼하게 둘 수 없다는 것도 알았
다. 나는 말했다. "레베카는 당신의 딸입니다. 당신의 딸이
요, 마가렛의 딸입니다. 언제까지나 그럴 것입니다. 샘에
게는 언제나 여동생이 있는 것입니다. 레베카와 단 몇 시간
밖에 함께 있지 못했지만 결코 의미 없는 시간이 아닙니다.
당신의 기도는 헛되지 않았습니다. 레베카는 하나님의 품
안에 영원히 살아 있습니다."

긴 대화였다. 내 말이 거의 위로가 되지 않았음을 안다.
무엇보다 그 순간 잔과 나는 우리의 소중한 우정에 기대어
서로 끌어안고 울고 싶을 뿐이었다.

나는 다시 궁금해졌다. 걷잡을 수 없는 슬픔으로 마음

이 무너질 때면 모든 이가 궁금해하는 것처럼 말이다. 왜 그런 일이 일어났을까? 하나님의 영광을 나타내기 위해? 삶의 무상함을 일깨우기 위해? 고통을 견딤으로 믿음을 깊게 하기 위해? 모든 것이 어두워 보일 때면 '그렇다' 는 답이 선뜻 나오지 않는다.

어린 레베카를 품에 안고 있는 잔과 마가렛을 생각하면 예수님의 어머니가 생각난다. 생명을 잃고 축 늘어진 아들의 죽은 몸을 무릎에 올려 놓은 마리아의 모습을 많은 그림과 조각에서 볼 수 있다. 마리아는 빼앗긴 것이 아니다. 희망 없이 남겨진 것이 아니다. 그러나 아들이 십자가에서 죽는 것을 지켜보며 얼마나 큰 아픔을 참아야 했던가! 내 친구 마가렛과 잔을 생각하면 마음에서 기도가 절로 나온다.

우리가 모두 겪는 고난에는 물론 말 이상의 것이 필요하다. 영적인 말이라도 그렇다. 우리의 사무친 아픔은 화려한 언변으로 달랠 수 없다. 그러나 우리에게는 고난을 통과하도록 우리를 인도하고 이끌어 주는 것이 있다. 우리 귀에 초청하는 소리가 들려온다. 애통이 변하여 치유의 터가 되게 하고, 슬픔이 변하여 고난에서 춤으로 가는 길이 되게 하라는 초청이다. 예수님이 복되다 하신 사람은 누구인가? "애통하는 자"다(마 5:4). 상실을 피하지 않고 온전히 들여다보는 법을 배우는 사람이다. 부정(否定) 아닌 다른 것으로 삶의 고통을 맞이할 때 우리는 뜻밖의 것을 발견할 수 있다. 하나님을 내 곤경 **속에** 모셔 들일 때 우리의 삶은 혹 슬픈 순간일지라도, 기쁨과 희망을 딛고 선다. 삶을 움켜쥐려는 자세를 버리면 결국 스스로 움켜쥘 수 있는 것보다 더 많은 것을 얻을 수 있다. 다른 사람들을 더 깊이 사랑하는 방법을 배울 수 있다.

그렇게 사는 방법을 어떻게 배울 수 있을까? 괴로울 때는 '고통에서 벗어나는 것이 가장 중요하다'는 생각이 우리 대다수를 유혹한다. 우리는 어떻게든 거기서 도망치고 싶다. 그러나 고난을 피하지 않고 **통과**하는 법을 배우면 고난을 다르게 맞이할 수 있다. 고난을 통해 배우려는 마음이 생긴다. 하나님이 더 큰 목표를 위해 고난을 사용하실 수 있다는 차원까지 이르는 것이다. 고난은 사력을 다해 피해야 할 불청객이나 저주가 아니라 더 깊은 온전함으로 나아가는 길이 된다. 궁극적으로 슬픔이란 우리를 아프게 하는 것들에 부딪치되 치유자이신 하나님의 임재 가운데 부딪친다는 뜻이다.

　물론 쉽지 않다. 이 춤의 스텝은 대개 노력 없이 저절로 나오지 않는다. 연습이 필요하다. 그 점을 염두에 두고 지금부터 이 작은 책을 통해, 하나님께 기초를 둔 삶의 다섯 가지 움직임을 살펴보려 한다. 고통을 없애려는 것이 아니다. 음침한 골짜기와 기나긴 밤을 피할 수 있다는 말도 아니다. 그러나 하나님이 안무하시는 이 치유의 춤의 스텝을 통해 우리는 상처의 한복판에서 우아하게 미끄러져 나갈 수 있다. 절망을 견디면서 치유를 발견할 수 있다. 결국 우리가 얻는 치유는 우리의 상한 영혼이 다시금 춤추게 하는 치유, 영원한 소망을 품고 사는 법을 알기에 고난과 죽음조차 두려워하지 않고 춤추게 하는 치유다.

1

작은 자아에서
더 넓은 세계로

From Our Little Selves to a Larger World

내가 주임 신부로 섬기고 있는 장애인 사역 공동체인 데이브레이크에 처음 올 무렵 나는 개인적으로 심한 몸살을 앓고 있었다. 학문의 세계에 다년간 몸담았다가 중앙 아메리카 빈민들을 방문하고 돌아와서 세계 곳곳을 돌며 여행담을 강연하는 사이에 진이 빠질 대로 빠졌다. 내 스케줄은 나를 숨가쁘게 이리저리 끌고 다녔다. 자신의 내적 갈등을 해결하는 길은 찾지 않고 강연 스케줄만 정신없이 쫓아다니다 보니 내면의 격랑은 갈수록 거세졌다. 이처럼 바쁜 일정 때문에 나는 내 고통에 온전히 맞설 수 없었다. 그저 내 뜻대로 잘되고 있다는 환상으로 그럭저럭 버텼다. 내 내면과 주변 세상에서 내가 부딪치고 싶지 않은 것들을 용케 피할 수 있다고 생각하면서 말이다.

그러다 데이브레이크에 와서 나는 이곳에 사는 정신

장애인과 신체 장애인의 극심한 고통을 보았다. 그러면서 내 고통이라는 문제가 점차 새로운 시각으로 보였다. 내 고통에 비해 그들이 겪는 것은 뭔가 상당히 커다란 고통이라는 사실을 깨달았다. 그리고 그 깨달음을 통해 내 고생과 아픔을 딛고 살아갈 새 힘을 얻었다.

내가 깨달은 것은, 치유란 마귀가 의도한 고립 상태에서 내 고난을 끄집어내 내 모든 고난은 종류 여하를 막론하고 온 인류와 나아가 모든 피조물과 함께 겪는 것임을 바로 아는 데서 시작한다는 것이다. 그렇게 할 때 우리는 어둠의 세력과 맞서 싸우는 큰 싸움에 동참하게 된다. 우리의 작은 삶이 뭔가 더 큰 것에 가담하는 것이다.

내가 깨달은 것이 또 있다. 나는 데이브레이크에서 "어떻게 하면 내 고통을 없앨 수 있을까?"가 아니라 "어떻게 하면 내 고통을 성장과 배움의 기회로 삼을 수 있을까?"를 묻는 사람들을 만났다. 대부분이 글을 읽을 수 없고 다수가 제 몸 하나 가눌 수 없는 사람들 속에서 말이다. 성하고 똑똑하고 건강한 사람들만 인간 대접을 받는 세상에서 외면 당한 사람들, 바로 그 사람들 속에서 나는 인간의 고통과 하나님의 고통을 연결하는 법을 배웠다. 나는 그들을 보며 고통을 부정하는 것이 아니라 고통 한복판에서 생에 몰입하는 것이 고통을 통과하는 길임을 배웠다. 그들은 아픔을 지루한 장애물에서 기회로 바꾸는 법을 모색하고 있었다.

그렇다면, 어떻게 하면 인간의 아픔을 하나님과 연결지을 수 있는가? 어떻게 하면 고통을 피하는 자리에서 하나님의 구속(救贖)과 선용을 구하는 자리로 옮겨 갈 수 있는가?

상실을 경험하고 있는 이들에게

우리는 마땅히 상실을 슬퍼해야 한다. 이것이 춤의 첫 스텝이다. 아주 단순해 보이지만 대개는 그렇게 만만치 않다. 역설적으로 들리겠지만, 치유와 춤은 고통을 유발하는 원인을 직시하는 데서 시작한다. 우리를 마비시켜 부정과 수치와 죄책이라는 옥에 가둔 은밀한 상실을 똑바로 바라보는 것이다. 요리조리 뛰어 난관을 피해 갈 수 있다는 환상을 품어서는 안된다. 자신의 이야기 일부를 하나님의 눈과 자신의 양심을 피해 숨기려는 것은 내가 내 과거의 심판자가 되겠다는 뜻이다. 하나님의 자비를 내 인간적 두려움으로 제한하는 것이다. 자신을 고난과 끊으려는 시도는 결국 우리의 고난을 우리를 위한 하나님의 고난과 끊는 결과를 낳는다. 상실과 상처를 벗어나는 길은 그 **속에 들어가** 그것을 **통과하는** 것이다. "내가 의인을 부르러 온 것이 아니요 죄인을 부르러 왔노라"(마 9:13) 하신 예수님의 말씀은, 상처 입은 자신의 상태에 직면할 수 있는 자들만 치유를 받고 새 삶을 시작할 수 있다는 뜻이다.

때로 우리는 단순히 자신의 상실이 무엇인지 따져 봐야 한다. 그렇게 함으로 상실이라는 경험이 얼마나 현실적인지 실감할 수 있다. 우리는 부모와 사별하는 아픔을 겪을 수도 있다. 내 경우만 해도 어머니가 병으로 돌아가신 뒤 느낀 슬픔이 지금도 얼마나 생생한지 모른다. 그런가 하면 자녀나 친구의 죽음을 겪을 수도 있다. 죽음은 아니지만 오해나 갈등이나 분노 때문에 사람을 잃는 경우도 있다. 때로 그런 고통도 사별 못지 않게 크다. 친구가 나를 찾아올 줄 알았는데 오지 않는다. 어떤 단체에서 강연하며 따뜻한 반응을 기대했지만 이렇다 할 반응이 없다. 누군가 내 직장이나 일자리나 명예를 빼앗을 수도 있다.

병세가 짙어지면서 희망이 사라지고, 오랫동안 믿었던 사람의 배반으로 꿈이 물거품이 될 수도 있다. 가족 중 한 명이 홧김에 집을 뛰쳐나갈 수 있다. 그러면 공연히 내가 패배자가 아닐까 하는 의문이 든다. 때로 우리는 상실감을 정말 크게 느낀다. 신문을 펼치면 어제보다 우울한 상황밖에 보이지 않는다. 자연의 무분별한 훼손이나 기아 때문에 우리 마음이 슬퍼질 때도 있다. 아예 삶의 의미를 잃을 수도 있다. 꼭 마음이 지쳤기 때문이 아니라 오래오래 소중하게 여긴 사고방식과 기도하는 삶을 누군가 비웃고 있기 때문이다. 갑자기 우리의 가치관이 구식처럼 보이고 쓸데없어 보인다. 신앙마저 흔들리는 것 같다. 누구를 막론하고 인생에서 겪는 실망이란 바로 이런 것이다.

통상적으로 우리는 그런 시련을, 자신의 당연한 모습이라고 생각하는 건강하고 멋있고 불편함 없는 상태의 장애물로 여긴다. 고난을 기껏해야 귀찮은 것이나 최악의 경우, 무의미한 것으로 여긴다. 우리는 온갖 수단과 방법을 동원하여 무조건 고통을 없애려 한다. 나의 상실은 현실이 아니며 일시적 장애물일 뿐이라는 환상을 마음 한구석에서 은근히 부추기는 것이다. 그렇게 우리는 부정하는 데 막대한 에너지를 쏟아 붓는다. "이 따위 문제로 현실을 놓칠 수는 없지." 우리는 이런 식으로 자신을 타이른다.

이 부정을 부추기는 유혹이 몇 가지 있다. 예컨대 끊임없이 바쁜 삶은 언젠가 부딪쳐야 할 문제를 당장은 회피하는 구실이 된다. 우리가 사는 세상은 악한 마귀의 권세 아래 있다. 악한 마귀는 우리를 정신없게 만들어, 자투리 시간이 조금만 보여도 온갖 할 일과 만날 사람과 처리할 업무와 만들어야 할 제품으로 쉴 틈을 주지 않으려 한다. 마귀는 진정한 슬픔과 애통할 여지를 전혀 허용하지 않는다. 삶이 바쁘기 때문에 내면의 고통에서 벗어날 수 있다고 생각할지 모르지만 바쁜 삶은 오히려 저주가 된다. 지나치게 분주한 삶은 오히려 우리를 불가피한 문제에 부딪치지 못하게 할 뿐이다. 언젠가는 부딪쳐야 할 문제인데도 말이다.

악한 자의 음성은 또한 우리를 유혹하여 무적의 얼굴을 취하게 하려 한다. '연약하다, 내려놓다, 엎드리다, 울다, 애통하다, 슬프다' 따위의 말은 마귀의 사전에 없다. 언젠가 이런 말을 들었다. "절대 약한 모습을 보이지 마십시오. 잘못하면 이용당합니다. 약해지지 마십시오. 상처받습니다. 절대 남을 의지하지 마십시오. 자유를 잃어버립니다." 아주 현명하게 들릴지 모르지만 지혜의 음성과는 거리가 멀다. 우리 사회가 규정한 테두리와 강박 관념을 무조건 따라야 한다는 세상의 소리를 흉내낸 말이다.

상실에 직면한다는 것은 인생을 단순한 생계 유지 작업으로 보려는 유혹을 물리친다는 뜻도 된다. 물론 우리는 **필요한** 것이 많다. 우리는 관심과 애정과 영향력과 힘을 원한다. 우리의 필요는 절대 만족을 모르는 것만 같다. 심지어 이타적 행위도 이런 필요와 얽힐 수 있다. 그러다 보니 사람이나 환경이 우리의 필요를 다 채우지 못하면 우리는 움츠러들거나 사납게 덤벼든다. 마음에 상처를 품는다. 자신의 필요에 더 연연한다. 다른 제안은 완전히 무시한 채 간편한 해결책만 찾아다닌다.

우리는 또 쉬운 승리를 좋아한다. 위기 없는 성장, 통증 없는 치료, 십자가 없는 부활을 좋아한다. 그러니 영웅과 기적의 주인공과 신기록 수립자가 돌아올 때 환호를 보내며 퍼레이드 구경을 즐기는 것도 이상한 일이 아니다. 지방 자치 단체마다 일치 단결하여 고통 분담을 외면하는 듯한 모습을 보이는 것도 이상한 일이 아니다. 사람을 땅에 묻을 때도 우리는 아름답게 꾸민 표현과 화려한 장식물로 죽음을 포장한다. 정신병 환자와 범죄자를 따로 격리된 기관에 숨겨 놓고는 그들이 인간 가족의 일원인 것을 완강히 부인한다. 일상의 예절조차도 우리에게 감정을 숨긴 채 이를 악물고 공손하게 말하라고 요구한다. 정직한 치유와 대면하지 못하게 하는 것이다. 우정은 피상적이고 일시적이 된다.

예수님의 길은 아주 달라 보인다. 예수님은 다정한 말씀과 치유의 손길로 우리를 찾아와 커다란 위안을 주셨지만 그렇다고 해서 우리의 모든 고통을 없애려고 오신 것은 아니다. 예수님은 죽음을 앞두고 나귀를 타고 예루살렘에 들어가셨다. 퍼레이드의 영웅이 아니라 어릿광대처럼 말이다. 쉬운 승리에 집착하는 것은 자신을 기만하는 일임을 그분은 그런 식으로 우리에게 일깨우셨다. 고통의 사연과 기쁨의 시간을 능히 숨길 수 있다고 생각한다면 그것도 자신을 기만하는 일이다. 가치 있는 것 대부분은 부딪쳐야 얻을 수 있다.

종려 주일에서 부활절로 가는 길은 인내의 길이요, 고난의 길이다. 사실 **인내**(patience)라는 말은 '고통당하다'는 뜻인 'patior'라는 고어에서 왔다. 인내를 배운다는 것은 어떤 고생에도 저항하지 않는다는 것이다. 편한 '호산나'로 자신의 고통을 계속 감추려 하다가는 결국 인내를 잃을 위험이 크다. 쉬운 길은 얄팍하다. 그 얄팍함이 다 닳아 버리면 우리는 원한과 냉소를 품거나 폭행과 공격을 하기 쉽다.

반대로 그리스도는 우리에게 늘 일상의 많은 고통과 손잡고 바로 거기서 희망과 새 생명의 시작을 맛보라고 명하신다. 아픔과 고통과 상처의 한복판, 바로 우리 삶의 현장에서 말이다. 예수님의 삶을 지켜보며 깨달아야 할 사실이 있다. 군중들의 '호산나'가 모두 고요하게 잦아들고, 제자들과 친구들이 모두 예수님을 떠나고, 그분의 입에서 "나의 하나님 나의 하나님, 어찌하여 나를 버리셨나이까?" 하는 절규가 터져 나온 후, 바로 그때에야 인자가 죽은 자가운데서 살아나셨다는 점이다. 비로소 그때 그분은 죽음의 사슬을 깨뜨리고 구세주가 되셨다. 그것이 인내의 길이다. 그 길이 나를 서서히 쉬운 승리에서 어려운 승리로 이끌어 간다.

하나님이 고난을 사용하여 나를 빚으시고 당신과 더 가까워지게 하신다는 것을 깨달을수록 우리는 그만큼 고난을 부정하지 않게 된다. 이제는 아픔을 내 계획의 방해 세력으로 보지 않고 오히려 하나님을 받아들이게 나를 준비시켜 줄 그분의 방편으로 보게 된다. 그리스도께서 내 상처와 어지러운 마음 가까이 사시게 하는 것이다.

언젠가 나이 드신 한 신부님이 내게 들려준 얘기가 생각난다. "나는 내 일에 늘 방해물이 끊이지 않는다고 항상 불평했습니다. 그러다 그 방해물이 바로 내 일이라는 사실을 깨달았지요." 달갑지 않은 사건, 힘겨운 순간, 예기치 못한 후퇴. 거기에는 흔히 우리가 생각하는 것보다 큰 잠재력이 숨어 있다. 종려 주일에서 부활절로 가는 길은 우리를 쉬운 승리에서 어려운 승리로 옮겨 가게 해 준다. 쉬운 승리는 우리의 어줍잖은 꿈과 환상에 근거한 것이요, 어려운

승리는 인내와 애정 어린 손으로 우리를 깨끗게 하시려고
하나님이 직접 주시는 것이다.

　기독교 신앙의 중심에는 온 세상의 짐을 친히 담당하
시는 하나님이 계시다는 것을 나는 데이브레이크 친구들
한테 배웠다. 고난은 우리에게 더 크신 분의 손에 상처를
내려놓으라고 한다. 그리스도 안에서 우리는 우리를 위해
고난받으시는 하나님을 본다. 아픈 세상에 하나님의 고난
의 사랑을 나누어 주라고 우리를 부르시는 그분을 본다. 작
은 고통이든 견딜 수 없이 큰 고통이든 우리 삶의 모든 고
통은 더 큰 그리스도의 고통과 밀접하게 연결돼 있다. 우리
가 날마다 겪는 슬픔은 더 큰 슬픔 속에 잠겨 있다. 우리 삶
에서 하나님의 심판과 자비의 영역을 벗어나는 일은 절대
없다.

힘든 상황을 만나거든

　인생에서 중대한 질문 중 하나는 '나에게 어떤 일이 벌
어질 것인가?' 가 아니라 '어떤 일이 벌어지든 나는 그 속

에서, 그것을 통해 어떻게 살 것인가?' 다. 보편적으로 우리는 삶의 상황을 바꿀 수 없다. 나는 백인이고 중산층이며 좋은 교육을 받았다. 이렇게 되려고 내가 언제나 의식적으로 결단 내린 것은 아니다. 내가 아는 사람들, 내가 태어난 곳, 내게 굳어진 특징과 성격 등 어느 것을 보아도 내 결단과 직결된 부분은 거의 없다.

그렇다면 우리는 대개 자신에게 일어난 일이나 앞으로 일어날 일이 아니라 삶의 형편과 상황에 대한 반응을 선택할 수 있다. 다시 말해서, 내 삶을 원망으로 대할 것인지 감사로 대할 것인지를 선택할 수 있다. 당신의 차와 내 차가 고속도로에서 충돌했다고 하자. 이 사건이 나한테는 몸에 중상을 입힐 뿐 아니라 지독한 원한도 남길 수 있다. 나는 평생 거기에 끌려 다니며 이렇게 말할 수 있다. "그 사건 때문에 모든 것이 달라졌어. 이제 나는 성치 못하고 인생은 고달파." 같은 사고를 당했지만 당신은 다르게 말할 수도 있다. "이 일이 새로운 삶을 향한 부름이 아닐까? 뭔가 새로운 것을 터득할 수 있는 계기, 내 상처로 남을 섬길 기회가 아닐까?"

상실 자체는 협상 대상이 아닐 것이다. 그러나 그 상실을 삶으로 어떻게 풀어낼 것인가 하는 것만은 우리의 선택이다. 우리는 어두운 순간을 지날 때조차도 우리 안에서, 우리 삶에서 일하시는 성령을 발견해야 한다. 그것이 우리에게 거듭 주시는 소명이다. 우리는 삶을 선택해야 한다. 고난을 이해하는 열쇠는, 인생이 주는 불편과 아픔을 밀어내지 않는 데 있다.

자유로운 춤의 세계로

애통은 우리를 초라하게 한다. 우리가 얼마나 작은 사람인지 냉정하게 일깨워 준다. 그러나 바로 그곳이 춤추시는 하나님이 우리를 부르셔서 일어나 첫 스텝을 내딛게 하시는 곳이다. 고통과 가난과 불편함 속이다. 예수님은 우리의 고통을 떠나서가 아니라 바로 그 고통 속에서 우리의 슬픔으로 들어와 우리 손을 부드럽게 잡아 일으켜 세우며 춤을 청하신다. "나의 슬픔을 변하여 춤이 되게 하시며"(시편 30:11)라 고백한 시편 기자처럼 우리도 기도하는 법을 알게 된다. 슬픔의 한복판에서 하나님의 은혜를 발견하기 때문이다.

춤출 때 우리는 자신의 좁은 자리에 머물러 있을 필요 없이 춤동작으로 그 자리를 뛰어넘을 수 있다는 사실을 깨닫는다. 삶의 중심을 자기에게 두지 않는 것이다. 게다가 우리는 다른 사람들의 손을 잡고 더 큰 춤의 자리로 들어간다. 다른 사람들과 함께 있을 때, 은혜를 베푸시는 하나님을 위한 자리를 내 한복판에 확보하는 법을 배운다. 이렇게 하나님과 하나님의 백성들과 함께 있을 때 우리 삶은 한결 부요해진다. 온 세상이 우리의 춤판임을 알게 된다. 우리의 스텝은 한결 흥겨워진다. 하나님이 다른 사람들도 함께 춤추도록 부르셨기 때문이다.

한 친구가 자신이 깨달은 것을 내게 편지로 썼다. 친구는 크리스마스 다음 주를 치매를 앓고 있는 자기 아버지와 함께 보내기로 했다. 어느 날 아침, 그는 아버지가 계신 치료 프로그램 장소로 찾아갔다. 아버지는 몹시 불안하고 흥분한 상태였다. 아버지는 내 친구가 태어나기 훨씬 전에 세상을 떠나신 친구의 할머니를 도와 드려야 한다며 걱정하고 계셨다. 그 걱정은 정녕 아버지가 솔직하게 표현할 수 없는 깊은 고뇌를 드러낸 것이었다.

친구는 아버지를 모시고 시골길로 나가 한 시간 이상 드라이브를 했다. 둘 사이에 오가는 말은 거의 없었지만 친구는 아버지가 점점 불안에서 벗어나 진정되는 것을 느꼈다고 한다. 한 시간 가까이 말이 없던 아버지가 고개를 돌려 아들을 똑바로 보며 이렇게 말씀하셨다. "너랑 이렇게 즐거운 시간을 보내는 것도 참 오랜만이구나." 친구는 웃으며 아버지 말이 맞다고 생각했다. 고뇌는 평안이 되었다. 상실은 수확이 되었다. 둘 사이의 침묵마저도 치유를 품고 있었다. 고난을 통과하는 과정에는 이렇게 뜻밖의 순간이 적잖이 찾아온다. 고민과 기다림 속에 선물로 찾아오는 순간은, 하나님이 고난을 통과하는 길에서 만나게 하시는 사람들과 깊이 관련된 순간이다.

이렇듯 우리는 자신의 작은 자아에서 하나님의 넓은 은혜로 옮겨 가는 과정을 단순한 결심이나 혼자 힘으로 겪지 않는다. 자신의 필요 때문에 아무것이나 절박하게 붙잡고 싶을 때, 치유되지 않은 상처가 주변 분위기를 휘감을 때, 우리는 불안해진다. 그러나 그때 우리는 그 상처를 통해 자신이 치유돼야 한다는 것을 깨닫는다. 그 깨달음 속에서 춤추며 앞으로 나아갈 때 우리의 스텝을 내딛을 지평이 은혜로 열린다. 기도를 통해 우리는 춤추시는 하나님과 연결된다. 모든 것을 품으시는 사랑을, 매일 매순간 우리를 만나 주시는 그 사랑을 받는 법을 배움으로써 우리는 자신의 슬픔과 상실의 경험 너머를 내다보게 된다.

그래서 우리는 인내가 필요한 상황에서 참음으로 기다린다. 내게 주실 선물을 눈여겨보며 말이다. 유명한 네덜란드 화가 빈센트 반 고흐의 생기 넘치는 멋진 꽃 그림들을 보라. 그는 고달픈 인생에서 얼마나 깊은 비애와 슬픔과 우울을 맛본 사람인가! 그런데도 그의 그림은 얼마나 아름다우며 환희에 차 있는가! 생명이 충일한 해바라기 그림을 보라. 슬픔이 어디서 끝나고 춤이 어디서 시작되는지 누가 알 수 있겠는가? 우리의 영광은 고통 속에 숨어 있다. 고통을 겪는 가운데 하나님이 그분 자신을 우리에게 선물로 주시도록 기회를 드리기만 한다면 말이다. 상처에 반대하지 않고 하나님께 나아갈 때, 우리는 상처를 변하게 하여 더 큰 선을 이루시도록 그분께 기회를 드리는 것이며, 우리와 함께 그 선을 발견하도록 다른 사람들을 춤에 초청하는 것이다.

감사로 여는 길

최근 동역자 한 사람이 데이브레이크와 비슷한 다른 공동체 리더로 선임되어 이곳을 떠났다. 이곳에서 그녀가 보낸 신실하고 헌신적인 세월 속에는 기쁜 순간뿐 아니라 상당히 슬픈 순간도 많았다. 그녀는 깊고 따뜻한 우정을 가꾸었고 아름다운 일을 많이 이루었으며 여러 일을 맡아 수행했다. 이곳에서 사역을 하면서 그리고 떠나기 직전에, 그녀가 이루어 놓은 오랜 관계 중 일부가 깨지는 바람에 실패와 실망도 맛보았다. 그런데도 그녀는 떠나기 전에 이렇게 고백했다. "여기서 있었던 모든 좋은 일들과, 이곳 사람들과 함께 가꿔 온 모든 우정과, 그간 실현된 모든 희망에 대해 감사합니다. 아팠던 기억일랑 당당히 받아들이려 합니다."

친구의 고백을 듣자 문득 이런 생각이 들었다. 사랑하는 공동체에서 있었던 모든 일들에 대해 감사하는 길을 택한다는 것이 친구에게 정확히 어떤 의미였을까? 감사는 친구가 치유의 춤과 기쁨의 축제에 더 온전히 들어가는 데 어떤 도움이 되었을까? 자신의 좁은 자아에서 넓은 세상으로 옮겨 가려고 할 때 하나님을 기억하며 감사하는 것보다 더 유익한 길은 없을 것이다. 이런 삶의 태도는 예배와 신앙 훈련을 위해 따로 떼어 놓은 시간이나 인생에서 쉬워 보이는 순간에만 아니라 우리 삶 전체에서 하나님을 기억하는 태도다.

힘든 시간이 곧 하나님을 만날 때라면 우리는 우리 안에서 일하시는 하나님께 삶의 모든 부분에서 마음 문을 열 수 있다. 감사한다는 것은 기억 속에 있는 상처를 억누른다는 것이 아니다. 오히려 하나님 앞에 그 상처를 가지고 피상적이 아니라 정직하게 나아갈 때, 인생을 바꾸는 일이 서서히 일어날 수 있다. 우리는 하나님이 어째서 우리를 치유로 부르시는지 알게 된다. 슬픔과 복을 한데 엮어 기쁨의 스텝을 내딛는 것이 곧 찬미의 춤임을 깨닫는다.

언젠가 나는 한 석수가 거대한 돌에서 여기저기 돌 조각을 크게 떼어 내며 작업하는 모습을 보았다. '돌이 무척 아프겠구나. 저 사람은 왜 돌에 저런 고통을 주는 것일까?' 하고 생각했다. 그러나 좀 더 보고 있노라니 돌 속에서 점차 우아한 댄서가 모습을 드러냈다. 댄서는 내 심안을 보며 이렇게 말하는 것 같았다. '어리석은 자여. 내가 이런 고난을 받고 내 영광에 들어가야 할 것을 몰랐는가?' 춤의 신비는 그 동작이 슬픔 중에 드러난다는 것이다. 치유란 성령께 나를 춤으로 부르실 기회를 드리는 것이다. 고통 한복판에서도 하나님이 내 삶을 지휘하시고 인도하실 것을 믿으며 말이다.

그러나 우리는 자신의 과거를, 감사하며 기억하고 싶은 좋은 일과 마지못해 받아들이거나 잊어버려야 할 아픈 일로 구분하는 경향이 있다. 이런 사고방식은 언뜻 보기에는 꽤 자연스럽지만, 과거가 총체적으로 미래의 삶의 기반이 되지 못하게 가로막는다. 자신의 이득이나 편함에만 매달리는 자기중심적 태도에 우리를 가둬 버린다. 그런 시각은 하나의 분류 방식이면서 어떤 의미에서는 통제 방식이다. 고난에 부딪치는 것을 피하려는 또 다른 시도가 된다. 일단 이런 이분법을 받아들인 사람은 나쁜 기억보다는 좋은 기억, 분통 터지는 일보다는 기분 좋은 일, 불평할 일보다는 축하할 일을 더 많이 모으고 싶은 심리 상태에 빠지게 된다.

가장 깊은 의미에서 감사란 삶을 고맙게 받아야 할 선물로 산다는 뜻이다. 진정한 감사는 좋은 것과 나쁜 것, 기쁜 일과 아픈 일, 거룩한 부분과 거룩하지 않은 부분을 가리지 않고 삶 **전체**를 끌어안는다. 우리가 삶 전체를 끌어안는 까닭은 모든 사건 한복판에서 하나님의 생명과 하나님의 임재를 맛보기 때문이다.

기쁨과 슬픔이 극과 극으로 나뉜 사회에서 이런 감사가 과연 가능할까? 사람들 사이에서 위로를 기대하는 정도가 아니라 당연한 듯 요구하는 사회에서 말이다. 온갖 광고는 우리에게 슬픔 속에서는 기쁨을 맛볼 수 없다고 말한다. "이것을 사라. 저것을 하라. 저기로 가라. 그러면 행복한 순간과 만날 것이고 그 속에서 슬픔을 잊게 될 것이다." 이것이 광고의 메시지다. 기억하고 싶은 좋은 일만 아니라 삶 전체를 감사로 끌어안는 것은 정말 불가능할까?

애통과 춤이 동일하게 은혜라는 몸짓의 일부라면 우리는 지금껏 살아온 모든 순간에 대해 감사할 수 있다. 내가 걸어온 독특한 여정을, 내 심령이 더욱 그리스도를 닮도록 빚어 오신 하나님의 길이라고 주장할 수 있다. 우리 신앙에서 가장 중요한 상징인 십자가는 우리를 불러 고통이 있는 곳에서 은혜를, 죽음이 있는 곳에서 부활을 보게 한다. 감사로 부르심은 곧 모든 순간을 새 생명에 이르는 십자가의 길이라고 주장할 수 있다는 믿음으로 부르심이다. 예수님은 돌아가시기 전 제자들과 말씀하시며 자신의 살과 피를 생명의 선물로 내어 주시면서, 자신이 살아오신 모든 삶을-기쁨만 아니라 고통도, 고난만 아니라 영광도-나눠 주심으로 제자들이 깊은 감사로 사명을 향해 나아갈 힘을 주셨다. 우리를 그리스도 안에 있는 하나님의 사랑에서 끊을 수 있는 것은 아무것도 없으며, 우리는 그렇게 믿을 이유를 날마다 새롭게 발견한다.

물론 우리는 나쁜 기억을 의식의 뒷전에 숨긴 채 기분 좋고 즐거운 일만 생각하기 쉽다. 그것이 만족의 길처럼 보인다. 그러나 그것은 슬픔 이면에 있는 기쁨을, 아픈 기억에서 얻어내야 할 의미를 찾지 못하도록 차단하는 것과 같다. 약함 중에 나타나는 강함, 하나님이 바울에게 족하다고 말씀하신 그 은혜를 놓치고 마는 것이다. "내 은혜가 네게 족하도다 이는 내 능력이 약한 데서 온전하여짐이라"(고후 12:9).

감사는 이 춤에 도움이 되지만, 감사도 우리가 감사를 가꿀 때에 가능하다. 감사란 단순한 감정이나 자연발생적 태도가 아니기 때문이다. 감사하는 삶에는 연습이 필요하다. 자신의 삶 전체를 하나님이 이 순간까지 인도해 오신 구체적인 길로 보려는 지속적인 노력이 필요하다. 그렇게 하려면 오늘의 상처뿐 아니라 과거에 거부당하고 버림받고 실패하고 두려웠던 일과도 직면해야 한다. 예수님은 제자들과 그분이 포도나무와 가지만큼이나 가까운 관계라고 말씀하셨지만 그래도 그들은 과실을 더 많이 맺기 위해 가지치기를 당해야 했다(요 15:1-5). 가지치기를 하려면 생명력을 약화시키는 부분을 잘라내고 다듬고 제거해야 한다. 가지치기가 잘된 포도원은 어렵지 않게 결실을 맺는다. 가지를 잘 쳐 주면 포도나무에 양분이 집중되어 포도가 더 실하게 열린다는 것을 우리는 수확 철에 확인한다.

감사하며 사는 사람들은 인생의 힘들고 비통한 기억 속에서도 기뻐하는 법을 배운다. 가지치기가 단순한 벌이 아니라 준비임을 알기 때문이다. 과거의 일부만 감사 제목이 된다면 우리의 미래도 그만큼 온전할 수 없다. 그러나 하나님의 가지치기 작업에 자신을 내어 드릴 때 우리의 끝은 슬픔이 아니라 희망이다. 우리 안에서, 우리를 통해 성취될 수 있는 일에 대한 희망이다. 수확 철에 그 복을 누린다.

감사로 부르심은 '모든 것이 은혜입니다' 하고 우리로 고백하게 한다. 나는 그 사실을 점차 깨닫고 있다. 없었으면 좋았겠다고 생각하는 일들, 다르게 풀렸으면 좋았겠다고 생각하는 관계들, 하지 않았으면 좋았겠다고 생각하는 실수들, 그렇게 계속 후회하는 한 우리 마음 한 부분은 여전히 고립돼 있어 앞날의 새로운 삶을 열매로 맺을 수 없다. 그것은 자신의 일부를 하나님과 분리하는 길이다.

반대로 우리는 과거에 경험한 기억을 자신의 심령이 지속적으로 변하는 기회로 삼는 법을 배울 수 있다. 기억 속의 사건을 통해 자신이 누구에게 속한 사람인지 확인한다. 우리는 우리 것이 아니라 하나님의 것이다. 하나님을 섬기는 새로운 삶을 진정 준비하고 싶다면, 내 삶에 펼쳐지는 하나님의 소명을 내다보며 진정 기뻐하고 싶다면, 하나님이 인도하시는 곳이면 진정 어디든 기꺼이 가고 싶다면, 우리의 과거 전체가 변화된 심령의 넓은 공간에서 하나로 수렴되어 우리를 앞으로 이끌어 줄 에너지원이 되어야 한다.

그렇다면 내 친구가 데이브레이크 공동체를 떠나는 순간을 자신이 살아온 모든 삶을 한데 모아 '하나님 감사합니다' 라고 고백할 순간으로 삼은 것은 정말 중요한 일이었다. 우리와 동행한 자신의 과거 전부를, 곁에서 동행하신 하나님의 여정으로 회상함으로써 그녀는 새로운 소명의 길에 견고히 설 수 있었다.

데이브레이크에 처음 갈 때 내 고통과 혼란과 내적 불안을 생각하며 새삼 깨닫는 것이 있다. 은혜의 하나님은 나를 고통과 격리된 보호 구역으로 데려가신 것이 아니다. 오히려 내게는 장애인들과 함께 있는 곳보다 고난을 더 잘 볼 수 있는 곳이 없다. 그들은 몸과 정신의 정상 기능만 잃은 사람이 아니라 가족의 후원과 교육의 기회와 결혼의 특권과 독립된 삶마저 잃은 사람들이다. 나는 벗어날 수 없는 절박한 곤경에 처한 이들에게 둘러싸여 있다. 그럼에도 나는 수많은 상실을 슬퍼한 그 사람들 속에 있는 것만큼 깊고 풍성한 기쁨을 누린 적이 없다. 함께 기뻐할 때, 우리는 학위와 포상과 출세와 상패를 자랑하지 않는다. 오히려 삶이라는 선물이 모든 상실 속에서 그 모습을 드러냈다는 사실에 기뻐한다.

장식, 카드, 촛불, 포장된 선물, 포옹, 미소, 입맞춤, 이 모두가 생명과 희망의 표현이다. 저녁 식탁에 둘러앉은 작은 축하든 채플이나 강당에서 열리는 더 큰 축하든 그런 축하에 동참할 때 나는 성령께서 우리에게 청하신 그 춤에 그저 놀랄 뿐이다.

2 움켜쥠에서
내려놓음으로

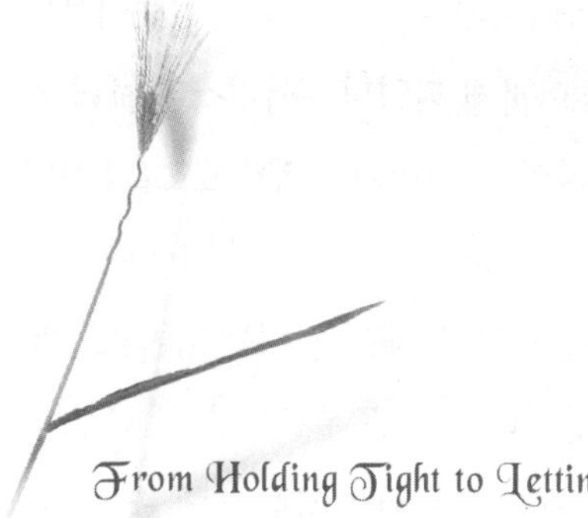

From Holding Tight to Letting Go

지난 몇 년 간 나는 그네 타기 곡예를 즐겨 보았다. 당시 89세이시던 우리 아버지가 이곳에 방문하시면서부터 나는 서커스를 무척 좋아하게 되었다. "서커스나 보러 가자꾸나." 어느 날 아버지와 난 그렇게 결정했고, 그날 저녁 우리는 남아프리카공화국에서 온 그네 타기 곡예사 다섯 명이 진행하는 서커스를 보았다. 세 명은 나는 역이었고 두 명은 잡는 역이었다. 한마디로 공중 무도회였다! 나는 사람들은 공중으로 치솟았다. 잡는 이의 강한 손에 붙들리기 전에는 모든 것이 몹시 아슬아슬했다. 나는 아버지에게 나도 항상 저렇게 날고 싶어 하마터면 소명을 놓칠 뻔했다고 말했다!

공연 때마다 나는 곡예사들의 용기에 끊임없이 감탄한다. 곡예사들은 잡아 주는 이의 든든한 손에 자기 손이 빨려 들면서 비행이 끝나리라는 것을 믿는다. 튼튼한 그네를 놓아야 반대편 그네까지 우아한 반원을 그리며 날 수 있다는 것도 잘 안다. 상대방이 나를 잡으려면 일단 놓아야 한다. 허공에 용감히 뛰어들어야 한다.

이렇게 기꺼이 내려놓으려는 자세로 사는 삶이야말로 우리가 직면한 최대 도전 중 하나다. 사람이든 물건이든 명성이든 우리는 수많은 영역에서 어떻게든 움켜쥐려 한다. 소중하게 얻은 행복을 목숨 걸고 지키려 한다. 살다가 피할 수 없는 상실을 겪으면 우리는 생존경쟁에서 실패했다고 여긴다.

우리는 내려놓을 때 받는다. 위대한 역설이다. 우리는 위험한 장소에서 오히려 예기치 못한 안전을 발견한다. 모든 위험을 피하려는 사람들, 상처받지 않은 마음을 든든히 지키려는 사람들은 결국 자기가 만든 지옥에 갇히고 만다. C. S. 루이스는 「네 가지 사랑」에서 이렇게 말했다.

사랑한다는 것은 결국 약해진다는 것이다.… 마음을 절대 다치지 않으려거든 아무에게도 마음을 주지 않으면 된다. 동물한테도 마음을 주면 안된다. 취미와 소소한 사치로 마음을 꼭꼭 동여매라. 모든 연줄을 피하라. 이기심이라는 관 속에 마음을 안전히 가둬 두라. 그러나 안전하고 어둡고 공기가 통하지 않는 그 부동의 관 속에서 마음은 변질될 것이다. 상처를 모를 것이다. 깨질 수도 없고, 뚫고 들어갈 수도 없고, 구원받을 수도 없는 마음이 되고 말 것이다. …천국을 제외하고 사랑의 위험에서 완전히 안전하게 피할 수 있는 유일한 곳은 지옥이다.[1]

삶을 살짝만 붙들라는 소명을 거부하고 내 삶은 내가 다스리겠다고 고집할수록 우리는 상실이라는 현실을 부정할 수밖에 없고 우리는 그만큼 인위적인 존재가 될 수밖에 없다. 모든 면에서 그렇다. 내게 필요한 것을 내 손으로 움켜쥐어야 한다는 신념이야말로 인간이 고난을 겪는 커다란 원천 중 하나다. 그러나 소유와 계획과 사람을 내려놓으면, 비록 모험이 따를지라도 전혀 예상치 못한 새로운 자유의 삶에 들어설 수 있다.

어떻게 하면 그렇게 기꺼이 내려놓는 자세로 살아갈

수 있을까? 우리의 슬픔이 변하여 춤이 되게 하는 또 하나
의 스텝은 지금 가진 것을 움켜쥐지 않는 것이다. 안심할
수 있는 안전지대를 확보하려 하지 않는 것이다. 자신이나
다른 이의 삶을 스스로 안무하려 하지 않는 것이다. 오히려
내가 따르고 싶고 사랑하는 하나님께 다 내어 드리는 것이
다. 하나님은 우리를 우리 스스로 다스리는 삶으로 부르시
지 않는다. 믿음의 삶으로 부르신다.

 빠져 들기 쉬운 커다란 환상들

삶은 소유할 재산이나 움켜쥘 물건이라는 생각, 사람
은 관리하거나 조종할 대상이라는 생각이야말로 우리의
일대 환상이다. 때로 우리는 세상사가 내 생각대로 돌아가
야 한다는 논리를 만들어 내려 한다. 그 환상이 얼마나 깊
이 뱄는지 종종 꿈에도 나타날 정도다. 낮에는 정복하는 영
웅이 될 수 없다면, 적어도 밤에는 될 수 있다고 생각한다.
꿈에서 우리는 오해받은 천재로, 혹은 자신을 비난하는 사
람들에게 때늦게 인정받는 구원자로 등장한다.

이 환상은 때로 우리를 자아와 자아실현을 광적으로 추구하는 길로 몰아 간다. 우리는 '자신에게 진실하기' 원한다. 적어도 자기가 만든 이미지에 진실하기 원한다. 자아 정체성에 관심을 너무 쏟다 보니 결국 자기 개성밖에 생각할 줄 모른다. 남들과 비교해 자신이 얼마나 잘하고 있는지 걱정한다. 그것은 우리를 경쟁과 싸움과 심지어 폭력의 길로 몰아 간다. 이런 환상 때문에 불안한 행동주의에 빠지고 마는 이들도 있다. 그런 사람들은 인간이란 자신이 한 일의 산물이라는 신념에 지배당한다. 그런가 하면 똑같은 환상 때문에 지나치게 자기 안으로 몰입하는 이들도 있다. 이런 부류의 사람들은 인간이란 자신의 깊은 감정 자체라는 생각에 젖어 있다.

자신이 이런 환상에 사로잡혀 있다는 것은 종종 위기나 고난을 겪으면서 깨닫게 된다. 커다란 아픔이나 불가피한 슬픔 앞에서 우리는 삶에 대한 자신의 통제가 얼마나 무력하며 현실을 되돌리려는 우리의 항변이 얼마나 미약한지 깨닫는다. 이런 사건을 통해 우리는 아끼던 야망을 놓을 수 있고 친구와 작별할 수 있고 아픈 몸을 받아들일 수 있다는 것을 깨닫는다. 불가능해 보이는 결혼이나 터무니없는 직업을 탐하던 욕심도 버린다. 거울을 보며 자신이 빼어난 미남도 아니고, 파티에서 언제나 화제의 중심도 아니며, 늘 똑똑한 것도 아니라는 사실을 인정한다. 그리고 삶에 상실이 어느 정도 포함되는 것이 아니라, 결국 어떤 의미에서 인간은 모든 것을 잃는다는 사실을 기억한다. 누구나 죽음을 피할 수 없기 때문이다. 그러면서 삶에는 삶을 초월하는 것도 있다는 느낌이 찾아온다.

이런 깨달음을 통해 우리는 세상사 속에서 자신의 낮은 자리를 확인한다. 더는 자기를 과장할 수 없다. 삶을 살짝만 붙들어야 한다는 사실이 가장 분명하게 나타나는 부분은 아마도 일상의 대인 관계일 것이다. 누군가를 사랑한다는 것은 상대에게 내가 통제할 수 없는 방식으로 반응할 자유를 준다는 뜻이다. 누군가와 친밀한 사랑의 관계를 맺을 때마다 우리는 상대의 긍정적 반응에 기뻐할 수도 있고 부정적 반응에 실망할 수도 있다. 적어도 그 부분에서만은 철저히 무력한 셈이다. 사랑하는 사람이 많아질수록 그만큼 고통도 커질 수 있다. 사랑이란 받아들여질 수도 있지만 거부될 수도 있다는 것이야말로 사랑의 놀랄 만한 신비이기 때문이다. 사람을 사랑할 때마다 우리는 사랑이라는 모험에 들어선다.

예수님의 생애 마지막 부분에 나타난 사연을 보라. 신약 성경에는 예수님과 그분의 제자들과 관련해 '넘겨졌다'는 표현이 거듭 나온다. 하나님은 우리 죄를 위해 그 아들을 넘겨 주셨다. 예수님은 더는 전도하고, 말씀하고, 치유하고, 주도권을 행사하시던 그 예수님이 아니었다. 그분은 이제 많은 일을 그저 당하는 처지가 되었다. 침 뱉음을 당했고, 십자가에 끌려갔고, 채찍질 당했고, 십자가에 못 박혔다. 만물이 그분을 통해 창조되었건만 이제 말씀이신 그분이 자신의 피조 세계의 피해자가 되신다. 놀라운 사랑으로 우리를 위해 통제권을 잃고 무력자가 되신 것, 그것이 예수님의 죽음의 의미다.

우리의 아픔과 주님의 고난은 밀접하게 연결돼 있다. 애통하는 것은 자신에게 정체감을 주는 그 무엇에 대해 죽는 것이다. 이런 의미에서 고난은 언제나 영적인 삶과 깊은 관계가 있다. 자신의 한계를 부인하려던 태도를 버리게 된다. 배우자, 부모, 교회 교인, 동네나 나라의 주민이라는, 여태 꼭 쥐고 있던 자기 정체의 일부를 놓는다. 믿음 때문에 고난받을 수도 있다. 예수님의 첫 제자들은 핍박과 죽음에 넘겨졌다. 이렇듯 우리는 때로 끔찍이 떠받들던 것들을 놓아야 한다는 것을 적지 않게 눈물 흘리며 인정한다.

이 모든 부담 때문에 어떤 이들은 냉소적이 된다. '다 쓸데없는 짓'이라 결론 짓는다. 실현되지 않은 계획과 프로그램에 끊임없이 불평으로 반응하고 싶은 유혹을 느낀다. 슬픔이 만성적 쓴맛이 된다.

어떤 이들은 이런 현실 때문에 집요한 강박 관념에 빠지기도 한다. 무조건 두려움을 덜어 보려다 오히려 두려움이 더 깊어진다. 통제해야 할 일이 갈수록 많아지며 걱정할 일도 점점 쌓인다. 그런 집착에서 불안과 동요가 생겨난다. 사실 세상에 대한 우리의 반응이 통제하고 움켜쥐려는 욕구에서 비롯된다면 결코 만족을 누릴 수 없다. 필요가 채워지지 않으므로 그만큼 더 열심히 애쓰다 결국 목적을 잃은 채 수단에 얽매여 버둥거리게 된다. 파산할지도 모른다는 두려움을 회피하려고 지나치게 사치스러운 물건을 구입한 사람처럼 되는 것이다. 그리고는 강도가 들지도 모른다는 두려움 때문에 집에서 나가지 못한다. 두려움에서 벗어나려 안간힘을 쓰다 결국 자신의 두려움이라는 함정에 걸려드는 셈이다.

그러나 예수님의 제자들은 경제적 안정의 근거인 그물과 정서적 안정의 근거인 가족을 버리고 심령의 가장 깊은 갈망을 채워 주겠다고 약속하시는 그분을 따랐다. 그 상태가 얼마나 불확실한 것인지 우리는 잘 안다. 그럼에도 기꺼이 내려놓으면 우리는 바로 그 자리에서 새롭고 놀라운 일이 일어날 수 있다는 것을 안다.

움켜쥠, 그 끝없는 집착 속에서

온전히 변화한다는 것은 하나님을 힘입어 강박 관념에서 벗어나는 것이다. 사태를 '해결'하려는 자세를 끊임없이 포기하기로 다짐하는 것이다. 자유란 강박 관념의 반대 상태다.

물론 자유한다는 것은 쉽지 않다. 대체로 강렬한 욕구

가 우리를 지배하기 때문이다. 외로움을 느끼면 우리는 그 아픔을 없애 줄 남편, 아내, 친구 등을 찾는다. 죽자살자 매달릴 때도 있다. 결국 우리는 다른 사람이나 물건이 내 곤경을 해결할 수 있다고 성급하게 결론 짓는다.

이런 식으로 우리는 다른 사람들에게 너무 많은 것을 기대한다. 요구하고 매달리며 폭력을 휘두르기까지 한다. 관계를 지나치게 심각하게 여기기 때문에 과중한 무게에 관계가 휜다. 다른 사람들에게 초인적 부담을 지우고 최악의 순간에는 그들을 내 기대를 채울 대상으로 전락시킨다.

그러나 사람이나 사건을 내 기쁨의 원천으로 삼아 이렇게 다른 신(神)을 택할 때마다 내 슬픔은 오히려 커질 뿐이다. 하나님만 주실 수 있는 것을 사람에게 요구할 때 우리는 고통을 맛보게 되어 있다. 다음의 시편 구절이 가리키는 방향은 사람이나 사물을 의지하는 태도와 다르다. "내가 여호와께 아뢰되 주는 나의 주시오니 주밖에는 나의 복이 없다 하였나이다"(시 16:2). 이런 기도는 자신이 성전에서 하나님의 임재에 둘러싸여 있음을 아는 예배자의 신앙 체험에서 나오는 것이다. 시편 기자는 계속해서 하나님이 자신의 '산업'이요, '잔'이요, '분깃'이라 선포한다. 이 이미지는 고대 이스라엘로 거슬러 올라간다. 하나님의 종인 레위인은 다른 지파처럼 재산이 없었으나 대신 하나님이 그들의 '기업'(신 10:9)이 되셨다. 우리는 시편 기자의 기쁨의 원천이 하나님과 교제하는 삶임을 본다.

물론 우리 삶에는 아주 중요한 일이 많다. 우리는 우리가 사랑하는 사람이나 우리를 사랑해 주는 사람이 없으면 온전할 수 없다. 음식과 거처도 있어야 한다. 우리는 친구와 함께 있는 것과 책 한 권이 주는 낙을 누린다. 그러나 살짝 잡는다는 것은, 내가 획득하고 성취한 것이 내가 아니라 위에서 주신 것이 나임을 기억한다는 뜻이다. 가장 깊은 기쁨은 우리가 버는 돈이나 주변에 늘어선 친구들이나 성취하는 결과물에서 생기지 않는다. 그보다 더 중요한 것은, 우리는 하나님이 무한한 사랑으로 만드신 모습 자체라는 사실이다. 우리는 스스로 싸워 얻어내는 전리품이 아니라 하나님이 주신 선물이다. 그렇지만 계속해서 자신이나 타인에게 인정받으려고 초조하게 뛰어다니는 한, 우리는 우리를 먼저 사랑하셨고 지금도 우리 심령에 거하시며 우리

의 진정한 자아를 빚어 오신 그분 앞에서 눈먼 신세를 면치
못한다. 그러나 우리는 눈뜰 수 있다. 우리는 앞으로 나아
가는 새로운 길을 볼 수 있는 존재다.

두려움에서 걸어 나오며

움켜쥠에서 내려놓음으로 옮겨 갈 때 맞닥뜨리는 큰
장애물은 두려움이다. 미국 전역을 돌며 강연하고 가르치
는 동안 내게 강하게 와 닿은 것이 있다면 우리가 두려움에
가득 차 있다는 사실이다. 우리는 신체적 어려움이나 불편
을 겁낸다. 사회와 직장 문제로 두려워한다. 다른 사람들
에 대해서도 점점 두려움과 의심이 깊어져 자신의 소유를
꼭꼭 쌓아 둔다. 국제 관계 차원을 보면, 미국처럼 부자 나
라들은 자기네 부에 벽을 둘러쳐서 외국인이 함부로 취할
수 없게 한다. 스스로 방어해야 한다고 확신하는 것을 보호
하기 위해 폭탄을 만든다. 그러나 그렇게 함으로써 오히려
자신이 갖는 두려움의 포로가 되니 커다란 역설이다. 우리
를 두렵게 할 수 있는 사람은 우리를 지배할 힘이 있는 사

람이다. 우리를 두려움이라는 집에 살게 하는 사람은 결국 우리의 자유를 앗아가는 사람이다.

몇 년 전에 나는 라틴아메리카에서 가난한 사람들과 함께 살았다. 그들은 삶의 방식이 달랐다. 그들은 두려움에 지배당할 필요가 없다는 사실을 배웠다. 고문과 압제와 빈곤 속에서도 감사하고 평안한 삶을 살고 있었다. 많은 사람들이 많은 것을 소유한 미국 같은 나라들에 사는 이들보다 그들에게서 두려움을 찾아보기가 더 힘들었다. 한순간 나는 압제의 또 다른 측면을 보았다. 단순히 가난하고 짓밟힌 사람들이 당하는 압제가 아니라 권세 있는 사람들이 당하는 역설적 압제를 본 것이다. 중남미 국가들의 가난 그 이면은 곧 북미 국가들의 두려움과 죄책감과 외로움이다. 미국처럼 부유한 국가들이 겪는 불안과 고독이라는 아픔은 어려운 이들을 무시한 데 대한 예기치 않은 복병이다. 불의한 사치의 산물인 셈이다.

어느 곳에 살든, 그리스도께서는 두려움의 집에서 나와 사랑의 집에 들어가며, 소유하는 태도를 버리고 자유의 자리로 나아가라고 우리를 초청하신다. 말씀이 육신이 되어 우리 가운데 장막을 친 것은 하나님이 우리 가운데 있는 사랑의 집에 거하시려는 의도다. 예수님은 우리가 거할 집을 예비하러 아버지께 간다고 말씀하신다. 그분이 우리 안에 사시는 것처럼 우리도 그분 안에 살게 하시려는 것이다. 그분은 물으신다. "너는 어디 있느냐? 사랑의 집에 살고 있느냐?"

복음서에서 예수님은 우리에게 '두려워 말라'는 또 다른 강한 말씀을 들려주신다. 이것은 복음서 전체에 울려 퍼지는 말이다. 세례 요한이 태어나기 전 가브리엘이 사가랴에게 그렇게 말했다. 예수님이 태어나기 전 가브리엘은 마리아에게 두려워 말라고 말했다. 천사는 무덤 앞의 여자들에게 그렇게 말했다. 주님도 제자들에게 나타나셨을 때 그렇게 말씀하셨다. "두려워 말라"(마 28:10). 하나님은 우리에게 이렇게 말씀하시는 것 같다. "나는 사랑의 하나님이다. 가난한 자들이 발견한 기쁨과 평안과 감사의 선물을 너도 받으라고, 네 두려움을 내려놓고 지금껏 쌓은 것을 이웃과 나누라고 너를 부르는 하나님이다."

'두려워 말라'고 말씀하시는 그분께 시선을 고정할 때

우리는 서서히 두려움을 내려놓을 수 있다. 살벌한 철조망 없이 세상 사는 법을 배우게 된다. 다른 사람들의 고난을 볼 자유를 얻는다. 방어하는 태도가 아니라 긍휼과 평안과 자신의 존재 전체로 반응할 자유를 누린다.

 기도하는 이에게 주시는 선물

이 이동은 기도를 통해 일어난다. 복음서에서 우리는 예수님이 따로 기도하러 가시는 모습을 자주 본다. 어스름한 새벽에 가실 때도 있었다. 기도를 통해 예수님은 자신을 보내신 분이 하늘 아버지임을 거듭 확인하신다. 예수님께 할 말을 주시는 분도 하나님이시다. 예수님은 사역의 '공로'를 자기 것으로 취하지 않으신다. 오히려 하나님의 말씀을 들으신다.

기도를 통해서만 우리는 다른 목소리를 들을 수 있고, 더 큰 가능성에 응답할 수 있으며, 명령하고 통제하려는 욕구에서 벗어나는 길을 찾을 수 있다. 그럴 때 우리의 정체를 좌우할 것 같던 다음 질문들은 그다지 중요하지 않게 된다. "나를 좋게 말하는 사람은 누구이며 그렇지 않은 사람은 누구인가? 내 친구는 누구며 내 적은 누구인가? 나를 좋아하는 사람이 얼마나 되나?" 하나님을 삶의 중심으로 할 때 우리의 정체감은 나에 대한 다른 사람의 말이나 생각에 좌우되지 않는다. 우리는 대인 관계의 포로 노릇을 그치게 된다.

기도는 우리에게 대인 관계가 우상이 되지 않게 하는 길을 보여 준다. 우리가 사랑을 배우는 까닭은, 오직 '먼저 사랑하신' 하나님의 지고한 사랑을 조금이나마 맛보았거나 느꼈기 때문임을 기도는 일깨워 준다. "우리가 사랑함은 그가 먼저 우리를 사랑하셨음이라"(요일 4:19). 이 말씀 속에 대인 관계를 초월하는 사랑의 길이 있다. 먼저 주신 그 사랑을 입었기에 우리는 자유롭다. 그 사랑이 우리를 소외와 분리에서 벗어나게 하기 때문이다. 그것은 미래를 내 힘으로 제어할 수 있는 척하며 모든 것을 쌓아 두려는 강박 관념을 녹이는 사랑이다. 타인을 사랑할 능력을 주는 사랑이다.

기도는 세상을 소유의 대상이 아니라 선물로 여기는

태도다. 기도하면 선물을 주신 분에 대한 애기를 그치지 않게 된다. 기도는 만사가 내 뜻대로 돼야 한다는 집착에서 비롯되는 고난에서 우리를 벗어나게 해 준다. 마음을 열고 고난을 받아들이게 해 준다. 기도는 삶이라는 선물이 다른 사람들을 통해 계시된다는 사실을 우리가 새롭게 기억하도록 해 준다.

기도는 하나님이 어떤 일을 하실지 모른다고 인정하는 것이다. 그러나 이런 모험에 마음을 열지 않는 한 그분의 일을 절대 알 수 없다는 사실을 잊지 말라. 우리는 생각과 가슴을 열고 깊은 바다와 높은 하늘로 손을 뻗는 법을 배운다. 여러 면에서 기도는 삶에 대한 하나의 태도다. 언제나 주시는 선물에 마음을 여는 태도다. 우리는 새로운 일이 일어나게 할 용기를 얻는다. 그 일은 비록 내 힘으로 통제할 수 없지만 이제는 그다지 큰 위협으로 다가오지 않는다.

외모든, 타인에게 받은 소외든, 상처나 학대받은 기억이든, 타인의 손에 당한 압제든 우리는 인간의 그런 한계와 상처에 직면할 용기도 바로 기도를 통해 얻는다. 거리낌 없이 자신의 고민을 놓고 부르짖거나 타인의 고난을 위해 싸울 때 우리는 자신이 서서히 새로운 지점으로 나아가고 있는 것을 보게 된다. 내 힘으로 창조하거나 다스릴 수 없는 부분은 잠잠히 기다리는 습성이 생긴다. 기쁨이란 풍선과 파티의 문제도 아니고, 내 집 마련이나 자녀의 뛰어난 성적 문제도 아님을 깨닫는다. 기쁨은 그리스도를 깊이 체험하는 것과 상관 있다. 조용히 듣는 기도를 통해 우리는 이렇게 말씀하시는 음성을 분별하는 법을 배운다. "다른 사람이 너를 좋아하든 말든 나는 너를 사랑한다. 너는 내 것이다. 내가 네 안에 사는 것처럼 너도 내 안에 살아라."

부활하신 예수님은 베드로에게 이렇게 말씀하셨다. "내가 진실로 진실로 네게 이르노니 젊어서는 네가 스스로 띠 띠고 원하는 곳으로 다녔거니와 늙어서는 네 팔을 벌리리니 남이 네게 띠 띠우고 원치 아니하는 곳으로 데려가리라." 이 말씀으로 예수님은 베드로가 어떤 죽음으로 하나님께 영광 돌릴지 가리키셨다고 요한은 말한다. 이어 그분은 베드로에게 "나를 따르라!"고 말씀하셨다(요 21:18-19). 얼마나 급진적인 말인가! 심리학자라면 우리에게 이렇게 말할 것이다. "젊어서는 다른 사람이 너를 띠로 묶어 데리고 다녔으나 이제 너는 자랐으니 네 힘으로 살아갈 수 있다." 그러나 예수님은 성숙이란 따라가려는 마음이 점점 커지는 것이라고 말씀하신다. 자발적으로 신나게 택할 곳이 아니더라도 말이다. 그 어려운 시간과 장소에서 우리는 타자(他者)이신 그분을 바라본다. 하나님 없이는 살 수 없음을 깨닫는다. 이제 삶의 모든 인정과 위안은 다른 모양을 띤다.

　말하기는 어렵고 오해하기는 쉽지만, 이것을 매저키즘으로 보아서는 안된다. 벌받기를 원해야 한다는 말이 아니다. 가족, 친구, 성공, 건강, 익숙한 사고방식 등에 편안하게 의존하는 것을 스스로 버린다는 얘기다. 우리가 그렇게 할 수 있는 까닭은 우리의 벌거벗음에 결국 그분의 자비를 덧입게 된다는 것을 기도를 통해 배우기 때문이다. 애통이란 단순히 상실에 직면한다는 의미가 아니다. 애통이란 상실을 사랑의 음성에 더 철저히 순종하는 길로서 적극적으로 환영하는 것이다. 복음서는 계속 우리를 불러 그리스도를 우리 삶의 근원과 중심과 목표로 삼으라고 한다. 그 안전한 곳에서 우리는 슬픔을 통해 오히려 하나님을 바라볼 수 있고, 심지어 하나님의 사랑의 품 안으로 달려갈 수도 있다. 그분 안에서 상실을 슬퍼할 때 우리는 결국 자신이 사랑받는 자임을 주장할 수 있다. 슬픔은 우리에게 우리 힘으로 상상도 할 수 없는 미래를 열어 준다. 바로 춤이 있는 미래다.

이것이 예수님의 길이다. 질고를 아는 슬픔의 사람(사 53:3)이 기쁨을 약속하셨다. "내가 이것을 너희에게 이름은 내 기쁨이 너희 안에 있어 너희 기쁨을 충만하게 하려 함이니라"(요 15:11). "너희가 곡하고 애통하리니… 너희 근심이 도리어 기쁨이 되리라"(요 16:20).

놀라우신 하나님, 그분께 마음을 열고

내려놓음에 대한 이 모든 얘기는 오랫동안 품어 온 일부 신념에 도전이 될 수 있다. 믿음이 있다는 우리도 실은 깍지낀 손가락을 풀고 두 팔을 벌려야 할지도 모른다. 우리를 놀라게 하시는 하나님께 말이다.

언젠가 캠퍼스에서 어느 건물 계단에 앉아 있는 학생

을 만났다. 그 학생은 두 팔에 고개를 묻고 있었다. "왜 그래요? 무슨 일 있어요?" 나는 물었다.

그 학생은 시무룩하게 말했다. "글쎄요. 모든 게 너무 많아 보입니다. 강좌도 너무 많고, 재미있게 할 일도 너무 많고, 선택할 일도 너무 많습니다. 내가 꼭 동전 하나 쥐고 사탕 가게에 들어갔는데 뭘 사야 할지는 모르는 어린아이 같은 기분입니다."

나는 이 학생의 고민이 우리가 학교와 직장과 동네에서 흔히 주고받는 말과 연관 있다고 생각한다. 다시 말해 우리는 시간과 에너지만 충분하면 세상과 인생을 정복할 수 있다고 말한다. 하나님을 가르치는 수업과 강의에서도 우리는 하나님을 우리의 선입견과 틀에 맞추려는 경향이 있다. 한마디로 우리는 하나님을 조금은 부담스러워하고 있다. 그분을 사랑하고 싶으면서도 자기 담장 안에 갇혀 하나님과 거리를 둔다. 우리의 영적 습관과 전통이 그 담장이 된다. 우리는 사실상 하나님께 이렇게 말한다. "오시려거든 저 옛 길과 옛 문으로 오셔야 합니다."

그러나 고난은 자주 우리에게 우리가 하나님을 온전히

이해할 수 없다는 교훈을 가르친다. 하나님은 이사야를 통해 말씀하신다. "하늘이 땅보다 높음같이 내 길은 너희 길보다 높으며 내 생각은 너희 생각보다 높으니라"(사 55:9).

이것은 궁극적으로 우리를 자유케 하는 말씀이다. 우리 욕심에 따라 하나님을 바꾸지 말라는 말씀이요, 우리 힘으로 세상 규칙을 정하려 하지 말라는 말씀이다. 설사 시도한다 해도 우리는 절대 하나님을 내 손에 쥐고 '드디어 다 파악했다'고 생각할 수 없기 때문이다. 오히려 모든 소요와 긴 밤이 지난 후 우리는 빈손으로 하나님께 오게 된다.

그렇게 하나님이 우리를 데려가실 곳이 어디일지 기대하며 그분을 기다릴 때 우리 안에는 하나님 임재에 대한 민감성은 물론 그분의 부재에 대한 민감성도 자란다. 우리는 생각지 못한 하나님의 길과 우리 가운데 거하시는 그분의 임재를 부분적으로나마 받아들이는 법을 배운다. 천국 일이든 세상 직업이든 교회 활동이든 열심히 하기만 하면 반드시 하나님의 말씀을 체험하게 된다는 은연중에 품었던 생각도 더는 품지 않는다. 하나님이 내 스케줄과 내 계산에 맞춰 주셔야 한다는 기대도 점점 줄어든다.

신학에서는 하나님의 속성, 인간이 이해하는 하나님, 인간이 지각하는 그분의 행동과 인간이 믿는 진리에 대해 많이 이야기한다. 그러나 필설로 형언할 수 없이 무한하신 하나님을 굳이 우리 틀에 끼워 맞추려 들지 않는 한, 하나님에 대해 '아니다' 라고 표현할 부분들도 많다. 하나님은 공의만도 아니고 사랑만도 아니고 자유만도 아니다. 이것만도 아니고 저것만도 아니다. 하나님은 우리의 마음보다 크시다. 하나님이 우리의 모든 생각과 상상을 초월하신다는 것만 알아도 우리로서는 많이 아는 셈이다.

그런 순간에 하나님은 우리에게 모험에 대한 계산은 그만하고 안전한 자리에서 뛰어내리라고 말씀하신다. 예수님은 우리에게 명하신다. "네 십자가를 지고 나를 따라라. 필요하다면 네 부모에게서도 떠나라. 다음에 일어날 일을 정확히 알려고 집착하지 말고 네가 네 삶을 인도하시는 하나님의 손안에 있음을 믿어라." 우리는 그렇게 할 수 있다. 성경에서 계속 하시는 말씀이 있기 때문이다. 두려워 말라. 나에게 기회를 줘라. 나는 네 구주요, 인도자요,

친구요, 신랑이다.

옛 편견을 벗어 버렸더니

　그렇게 손을 펴고 나아가려면 그간 쥐고 있던 특정한 편견을 버려야 한다. 우리는 현재 우리가 알고 있는 것보다 더 큰 하나님과 그분의 백성이 담당할 비전에 자신을 내어 드려야 한다. 하나님의 큰 진리를 더는 담을 수 없는 상자 일부를 치워야 한다. 날마다 함께 지내거나 출퇴근길에 스치거나 뉴스에서 접하는 사람들을 새롭게 바라보아야 한다. 기도란 다른 사람들을 자신이 용납하고 사랑해야 할 인격으로 보게 하는 것임을 우리는 깨달을 수 있다.

　예수님은 품꾼을 여러 명 고용한 주인에 관한 비유를 들려주셨다. 일을 시작한 시점과 상관없이 결국 모든 품꾼이 똑같이 통상적인 하루 품삯을 받았다(마 20:9). 예수님이 보여 주신 하나님은, 용서하시고 싶은 사람들을 자유로이 용서하시는 분이며 우리의 유한한 기대로 만든 규정에 얽매이지 않는 분이다. 이른 아침부터 일한 다른 품꾼들은 그것을 알고 발끈 화를 냈다. 예수님이 창녀인 막달라 마리아와 세리인 마태에게 깊은 애정을 보이실 때 그분의 말씀을 듣던 사람들은 더 화를 냈다.

하나님과 친밀한 교제를 시작하는 것은 곧 하나님의 사람들과 친밀한 교제를 시작하는 것이다. 기도는 자신의 골방에서 하나님과 교제하는 것이다. 기도는 동서고금에 있는 하나님의 사람들과 연합하는 것이기도 하다. 인간과 인간을 갈라놓는 두려움은 사랑으로 극복할 수 있다. 그 사랑에 힘입어 우리는 자신의 작은 두려움을 내려놓을 수 있다.

어려워 보이지만 그런 사랑이 우리 안에서 역사하여 결국 우리가 자기 의와 억압에서 벗어날 길을 열어 준다. 부자는 자기가 가난한 자의 최선의 길을 안다고 생각하고, 남자는 자기가 여자의 최선의 길을 안다고 생각하고, 백인은 자기가 흑인에게 최선인 길을 안다고 생각하지만, 그 사랑이 우리를 그런 착각에서 건져 준다. 우리를 아우슈비츠와 히로시마와 존스타운으로 치닫게 하는 무서운 착각에서 구해 주는 것이다.

그분께 귀 기울임의 축복

우리는 다스림에 대한 착각을 버리거니와 그 사랑이 있으면 그 버림은 단순한 수동적 행위에 그치지 않는다. 하나님에 대한 편협한 관점과 편견을 내려놓는다는 것은 열정적 관심을 버린다는 뜻이 아니다. 우리는 성경 도처에서 하나님의 백성들이 하나님의 새로운 일을 위해 능동적으로 일하는 모습을 본다. 그들은 정의를 위해 싸운다. 하나님 나라를 구한다. 베드로는 우리가 새 하늘과 새 땅을 바라본다고 말했다 (벧후 3:12 참조). 이것은 눈을 뜨고 보라는, 깨어 경계하며 항상 살피라는 부르심이다. 그리고 그렇게 살피는 동안 선한 일에 힘쓰라는 부르심이다.

그러나 기다리며 살피며 섬기려면 우선 보는 사람이 돼야 한다. 우리 가운데, 세상 속에 오시는 하나님을 분별하는 사람들이 돼야 한다. 당신의 삶에는 성령께서 기회를 얻어 말씀하시거나 행동하시거나 나타나실 공간이 있는가? 당신의 내면과 주변에 임하시는 하나님을 알아보지 못하게 막는 눈가리개를 묵상이라는 도구로 벗길 재량을 그분께 드렸는가? 그러려면 조용한 공간을 하나님께 떼어 드려 거기서 듣는 법을 배워야 한다. 그리하여 주변 세상과 관계를 더 잘 맺는 법을 알아야 한다.

최근 나는 뉴욕 시내를 걸었다. 가는 곳마다 온갖 물건이 꽉꽉 채워 있었다. 공간마다 너무 많은 것이 빽빽이 차 있었다! 우리에게는 빈 공간에 대한 두려움이 있는 것 같다. 철학자 스피노자는 그것을 '공간 공포' 라 표현했다. 우리는 빈 곳만 보면 채우고 싶어한다. 우리 삶은 찰 대로 차 있다. 바쁜 삶 때문에 눈멀어 있지 않을 때면 과거에 대한 죄책감이나 미래 일에 대한 염려로 내적 공간을 가득 채운다. 빈 공간이 있다는 건 예측할 수 없는 일, 새로운 일, 가고 싶지 않은 곳으로 나를 데려갈 일이 생길 수도 있다는 뜻이다. 어쩌면 우리 두려움의 일부는 바로 그 사실 때문에 생기는지도 모른다. 그래서 우리는 때로 하나님의 말씀을 일부러 듣지 않으려 한다.

바로 여기가 열린 마음을 가꾸어야 할 지점이다. 훈련이란 성령께서 일하실 공간을 우리 삶 속에 만들어 드리려는 집중적인 노력이다. 그분은 우리를 만지고 인도하신다.

우리에게 말씀하신다. 예측할 수 없고 더는 통제할 수 없는 곳으로 우리를 데려가신다. 많은 영성 저자들이 하나님께 '귀 기울이는' 것에 대해 얘기한다. 귀 기울일 때 우리는 하나님을 온전히 볼 수 있고 그분을 더욱 충만하게 모셔 들일 수 있다. 하나님이 깊이 치유하시는 자비 속으로 들어갈 수 있다. 이런 귀 기울임에 관해 시몬 웨일(Simone Weil)은 이렇게 말한다.

> 귀 기울인다는 것은 내 생각을 접어 두고 초연하게 마음을 비워 상대가 다가오는 것을 받아들일 준비를 하는 것이다.…모든 오역, 기하학 문제의 모든 오답, 작문과 논문의 모든 어색한 문체와 모든 무모한 개념 연결 등, 이 모든 것은 특정 개념을 너무 성급하게 규정지어 생각이 발전하는 것을 막아 결국 진리에 닿지 못한 데 그 원인이 있다. 원인은 언제나 우리가 지나치게 열심히 나서서 제 힘으로 찾으려 한다는 데 있다.… 우리가 가장 소중한 선물을 얻지 못하는 것은 그 선물을 기다리지 않고 먼저 찾아 나서기 때문이다.[2]

이런 의미의 훈련(discipline)이란 때로 우리가 생각하는 것처럼 사회학, 법학, 간호학 등의 전문 분야(discipline)를 통달하는 것이 아니다. 나는 지금 모아 놓은 자료나 정비된 일련의 이론과 실제를 말하는 것이 아니다. 내가 말하는 훈련이란 우리 마음에 성령의 음성을 들을 수 있는 공간을 마련한다는 뜻이다. 삶이 바뀔 각오로 들어야 한다. 하나님의 말씀에 민감해지고 그 말씀을 잘 받아들이도록 우리 삶의 공간을 지켜야 한다. 그런 모험적인 행동을 통해 우리는 하나님 없이 자기 힘으로 할 수 있는 차원을 월등히 넘어서는 새로운 삶을 경험하게 된다. 그것이 내가 끊임없이 거듭하여 배우는 교훈이다.

그날, 아버지와 함께 서커스에 갔다가 그네 타기 곡예사들에게 마음을 빼앗긴 뒤로 나는 해마다 1주일 혹은 2주일씩 서커스단에 합류하여 돌아다녔다. 최근에 서커스단 리더가 내게 말했다. "헨리, 만인이 내게 박수를 보냅니다. 내가 허공에 뛰어올라 거꾸로 공중제비 하는 것을 보며 다들 나를 영웅으로 생각합니다. 하지만 진짜 영웅은 잡는 사람입니다. 내가 하는 일이라고는 팔을 내밀고 믿는 것뿐입니다. 잡는 사람이 나를 잡아 끌어올려 주리라고 믿는 것뿐입니다."

우리의 작은 삶을 둘러싸고 계시며 우리를 잡아 주고 붙들어 주려고 기다리시는 하나님에 대해서도 똑같이 말할 수 있다. 그분은 좋을 때만 아니라 힘들 때에도, 승승장구하는 순간만 아니라 앞길이 막막한 순간에도 우리 곁에 계신다. 우리 안에 계시면서도 우리를 초월하시는 그분 덕분에 우리는 언제나 그런 고백을 할 수 있다. 기쁨은 물론 슬픔까지도 꽉 움켜쥔 채 살아가는 우리의 손은 바로 그런 이유로 안심하고 느슨해질 수 있다. 다시 한번 우리도 나는 법을 배울 수 있다. 춤추는 법을 배울 수 있다.

3 운명론에서
희망으로

From Fatalism to Hope

1년 전 오늘 당신이 무엇을 하고 있었는지 생각나는가? 당신은 무슨 얘기를 하고 있었는가? 무엇 때문에 화내고 기뻐하고, 불안해하고, 자신만만해했는가? 극적인 사건이 있었다면 몇 가지는 생생하게 기억하고 있을 수도 있다. 그러나 대부분 그날 우리를 지배했던 일들은 이미 흐릿해졌거나 기억 속에서 사라져 버렸다.

삼사 년 전으로 거슬러 올라간다면 기억이 더 가물가물할 것이다. 우리를 텔레비전 앞에 묶어 두던 사건들이 잠시 스쳐간 불빛처럼 보일 것이다. 한때 뜨거웠던 시사 문제도 급박함이 식고 말았다. 내 관심을 독차지했던 동료나 친구였건만 지금은 소식이 아주 뜸하거나 전혀 없을 수도 있다.

우리의 존재가 덧없으며 물처럼 손안에 쥘 수 없다는 사실에 새삼 가슴이 저며 올 수 있다. 이 사실을 인식할 때 우리는 슬픔에 잠기고 만다. 나의 일부가 끊임없이 죽어가고 있다는 것을 확인하는 것이기 때문이다. 세상에 바랄 것이 없다는 결론에 이를 수도 있다. 길모퉁이만 돌면 언제나 새로운 가능성이 기다리고 있다는 사실을 망각할 수도 있다.

오늘도 세상에는 종교 지도자들과 대통령들이 오가고, 곳곳에서 전쟁이 터졌다 끝난다. 어떤 사람은 실직했다가 뒤늦게 재능을 인정받고, 병치레하며 자란 아이가 나중에 스포츠 영웅이 된다. 그러나 이 모든 일과 그 이상의 일들이 일어나는 사이, 실은 죽음이나 질병이 앗아갈 수 없는 것이 빚어지고 있었다. 볼 눈이 있고 들을 귀가 있는 사람들에게 우리의 덧없는 인생은 찰나적인 것이 아니라 영존하는 것이고, 죽어 가는 것이 아니라 살아나는 것이며, 일시적인 것이 아니라 영원한 것이다. 비록 깨지기 쉬운 연약한 삶이지만 우리에게는 희망을 품을 놀라운 이유가 있다.

이 숨은 실체를 어떤 이들은 '은혜' 라 하고, 어떤 이들은 '우리 안에 있는 하나님의 생명' 이라 하며, 어떤 이들은 '우리 가운데 임하신 하나님 나라' 라 한다. 어떻게 부르든 일단 그 소중한 중심에 눈과 귀를 고정할 때 비로소 우리는 중심 위를 굴러가는 모든 시류와 상황은 기껏해야 그 중심을 값진 불멸의 선물로 다듬는 역할만 할 뿐이라는 것을 깨닫는다. 예수님은 믿는 이마다 영생을 얻는다고 말씀하신다(요 6:40). 이것은 엄청난 혁명이다. 이 덧없고 찰나적인 세상에 그분이 영생의 씨앗을 뿌리러 오신 것이다. 여러 면에서 영적인 삶이란 바로 그런 뜻이다. 일시적인 것 속에서 영원한 것을, 찰나적인 것 속에서 영존하는 것을, 사람들 속에서 하나님의 임재를 가꾸는 것이 바로 영적인 삶이다. 그것은 우리 안에 거하시는 성령의 삶이다.

이 신비의 임재를 인식하면 인생이 달라진다. 남들이 불만을 품을 때도 우리는 기쁨을 맛본다. 세상이 전쟁을 공모할 때도 우리는 평화를 누린다. 방송에 절망의 톱기사가 넘쳐 나도 우리는 희망을 얻는다. 주변 공기에 증오가 배어 있을 때도 우리는 깊은 사랑을 발견한다.

운명론에 속은 사람들

물론 언제나 그렇게 간단해 보이지는 않는다. 때로 우

리는 일시적인 것 속에서 영원한 것을 보는 것을 잊어버린다. 삶의 찰나적 특성을 체념의 구실로 삼는다.

웹스터 사전에 따르면 운명론이란 '모든 사건을 불가항력적인 것으로 받아들이는 시각'이다. 이런 시각은 우리의 생각보다 훨씬 더 팽배하다. 앨버트 놀란(Albert Nolan)은 *Jesus Before Christianity*(기독교 이전의 예수)에서 이렇게 말했다. "운명론은 대부분의 시대, 대부분의 사람들 사이에 만연한 태도다. 운명론은 이런 말로 표현된다. '대책 없어.' '너는 세상을 바꿀 수 없어.' '현실에 눈을 떠. 실제적이 돼야지.' … '현실을 받아들여야 돼.'"[1] 운명론적인 사람은 이렇게 말한다. "다 쓸데없는 짓이야. 결국은 우리가 질 거야. 우리는 운명의 피해자야." 이것은 쉽게 분노와 원한과 절망과 포기로 이어진다.

운명론은 여러 모양으로 우리를 괴롭힌다. 우선 대인 관계에 영향을 미친다. 우리는 사람들을 분류하고 딱지를 붙여, 더는 서로 새로운 것을 기대하지 않는다. "저 사람은 원래 그래" 하는 말로 문제가 해결된다는 듯 말한다. "저 사람은 늘 저런 식으로 행동하지" 하고 중얼거리기도 한

다. 우리가 일하는 곳이나 우리가 상대하는 기관들도 똑같
은 생각으로 우리를 짓누를 수 있다. "여기서는 다 그렇게
합니다." 그리하여 우리는 더 좋은 길이 보이는데도 다른
일을 시도하기를 포기한다. 역시 안타까운 일이지만, 남한
테 상처와 해를 입으면서도 그런 취급을 그냥 감수하는 경
우도 있다. 남들이 자신을 학대하도록 내버려 두는 것이
다. 겸손해서가 아니라 어차피 달라질 것이 없다는 절망감
때문이다. 우리는 운명이나 만성적 부당 대우를, 나를 옥
에 가두는 이름 없는 힘으로 여긴다.

운명론은 빈곤, 전쟁, 압제 등 세계적인 이슈에 대한 반
응에도 영향을 미친다. 사람들은 말한다. "이 사회 문제는
너무 복잡해서 내가 관여할 바가 아니지. 내가 끼어 든다고
해서 도대체 뭐가 달라진단 말인가?" 빈곤이나 그 외 사회
적으로 곤경에 처한 많은 사람들은 상황이 좀처럼 나아지
리라고 믿지 않는다. 자신의 사회 경제적 감옥을 떨치고 나
오려는 시도를 아예 포기할 수도 있다. 그들은 좀 더 정의
로운 생활 방식에 대한 희망을 잃어버린다.

이 모든 것을 비롯한 많은 다른 형태의 운명론은 우리

의 숨은 절망을 보여 준다. 운명은 우리를 옥에 가두는 이름 없는 힘이라는 것이 운명론의 주장이다. 이런 운명론의 많은 부작용이 우리를 괴롭힌다. 운명론은 우리를 틀에 박힌 일상에 안주하게 만든다. 그러나 조금만 살펴보면 그런 일상의 행동을 시급히 고쳐야 한다는 것을 느낄 수 있다. 우리는 역기능적이고 고통스러운 장소에서 찾은 만족에 안주할 수 있다. 자신의 불만과 증상과 중독에 점점 애착을 느끼면서 말이다.

운명론의 가장 간교한 측면 중 하나는 우리가 치유를 반대하게 한다는 것이다. 운명론은 더 해 봐야 소용없다고 주장하는 낙망의 인질로 만들고 옛 것을 붙들려는 우리의 완고한 성향을 한층 강화한다. 우리는 자신의 좁은 체험에서 벗어나는 것이라면 인정하기를 고집스럽게 거부한다. 운명론은 우울과 절망으로, 심하면 자살로 이어질 수 있다.

요한복음에 나오는 베데스다 연못가 병자의 사연에 이 저항이 잘 나타난다. 예수님은 그에게 "네가 낫고자 하느냐?"고 물으신다. 38년 된 가련한 병자는, 그간 치유의 물에 들어가려 했으나 항상 너무 늦었다고 대답한다. 그의 불

평은 자기 상태에 대한 설명이자 한편으로는 낙심한 이유
다. 낫고자 하는 욕망과 공허감이 나란히 자리하고 있기 때
문이다. 그 공허감 때문에 이 병자는 예수님 옆에서도 몸을
사린다. 그간의 좌절된 노력 때문에 완전히 기가 꺾여 이제
는 희망과 소원조차 거의 포기한 것처럼 보인다. 그래서 예
수님이 그에게 "네가 낫고자 하느냐?"고 물으신 것 아니겠
는가?(요 5:1-9 참조)

운명론에서 벗어나는 길

어떤 상황에서 '내 능력 밖의 일이야' 라고 말하는 것은
운명론적인 말일 수도 있고 믿음의 말일 수도 있다. 믿음은
체념과 비슷해 보인다. 믿음도 우리에게 '내 능력 밖의 손
에 자신을 내어 맡긴다' 는 고백을 요구한다. 그렇지만 믿
음은 운명론과 매우 다르다. 오히려 정반대다. 믿음은 수
동적 체념이 아니라 우리를 인도하는 희망 찬 의지다. 믿음
의 사람은 기꺼이 새로운 일을 허용하며, 아직 들은 적 없
는 가능성에서 파생하는 일을 책임진다. 하나님을 믿으면

우리는 냉소가 아니라 능동적 기대로 살아갈 수 있다. 인생을 경직된 운명에서 내 힘으로 뺏어 내야 할 대상이 아니라 사랑의 하나님이 주신 선물로 볼 때 우리는 현실 한가운데에 바로 하나님의 사랑 자체가 있다는 사실을 생각할 수 있다. 믿음을 통해 하나님의 뜻을 이루려는 새로운 의지가 우리 안에 생긴다는 뜻이다.

흔히 신약 성경에서 '믿음'으로 번역한 단어는 글자 그대로 '맡긴다'는 뜻의 고어에서 왔다. 믿음은 하나님이 선하신 분이며 하나님의 선하심이 반드시 승리한다는 깊은 확신이다. 믿음은 친밀하고 인격적인 신뢰를 통해 "주님의 강하신 사랑의 손에 저를 맡깁니다" 하는 고백이다. 이렇듯 진정한 희망은 낙관주의와 다르다. 우리는 지금 무조건 내일은 더 좋은 날이라 믿는 낙천적 성향을 얘기하는 것이 아니다. 낙관론자는 이렇게 말한다. "전쟁은 끝날 것이다. 네 상처도 아물 것이다. 우울은 사라질 것이다. 만사가 곧 좋아질 것이다." 낙관론자의 말은 맞을 수도 있지만 틀릴 수도 있다. 아무도 상황을 다스릴 수 없기 때문이다.

희망은 세상사에 관한 긍정적 예언에서 생기는 것이

아니다. 정말 아니다. 믿음도 마찬가지다. 희망은 우리 삶의 시시콜콜한 기복에 좌우되는 것이 아니다. 희망은 하나님과 관련이 있다. 우리가 희망과 기쁨을 누리는 것은 비록 세상이 어둠에 덮여 있다 해도 하나님이 세상을 이기셨다는 믿음이 있기 때문이다. 예수님은 말씀하셨다. "세상에서는 너희가 환난을 당하나 담대하라 내가 세상을 이기었노라"(요 16:33). 우리는 세상 고난에 제약받지도 굴하지도 않는 분을 따르는 사람들이다.

예수님은 우리에게 물으신다. "너는 믿느냐? 너에게 유일한 생명을 주실 정도로 하나님이 너를 사랑하신다는 것을 믿느냐?" 이 질문에 답하려다가 나의 갈 길이 얼마나 먼지 깨닫는다. 내 안에서 이런 음성이 들린다. "결과가 확실한지 먼저 확인한 다음에 믿음의 걸음을 떼고 싶습니다." 믿으려 할 때마다 나는 믿음에 자질구레한 조건을 많이도 붙인다. 더 많이 믿으려 할 때마다 내 속에 더 깊은 저항이 있음을 본다. 아직 믿음이 뚫고 들어가지 못한 차원이 내게 얼마나 많은지 모른다. 그러나 매번 더 많이 믿을 때마다 우리 삶은 더 새로워진다. 믿음의 걸음을 떼 맡길 때마다 다시 새로운 가능성의 차원이 열린다.

물론 희망이 있다는 것이 고난을 피하거나 무시할 수 있다는 뜻은 아니다. 사실 믿음에서 나온 희망은 고난을 통해 성숙하고 정결해진다. 그렇다면 우리가 희망 속에서 맛보는 경이는 사태가 예상보다 잘 풀리기 때문이 아니다. 그렇지 않더라도 우리는 여전히 생생한 희망으로 살아갈 수 있다. 우리 희망의 근거는 삶과 고난보다 강하신 그분이다. 믿음은 우리를 하나님의 섭리와 치유의 임재에 눈뜨게 한다. 어려움에 처한 사람도 믿을 수 있다. 뭔가 다른 일이 가능하다는 것을 믿음으로 알기 때문이다. 믿음이란 희망에 여지를 두는 것이다.

믿음이란 앞으로 벌어질 일의 세부 사항을 항상 묻지 않는 것이기도 하다. 하나님은 우리가 살아가야 할 바를 알기 원하시지만 그 사실적 의미는 막상 겪어 봐야 안다. 하나님은 우리가 치유를 경험하기 원하시지만 치유가 어떤 모습을 띨지 우리가 항상 어떻게 정확히 알 수 있겠는가? 하나님은 우리를 새로운 신실함의 자리로 데려가기 원하시지만 우리는 그 방법과 통로를 아직 모른다. 모든 일을

을 정해 두거나 모든 것을 알거나 모든 것을 예상할 필요는
전혀 없다. 모든 것을 다 밝혀 내려고 너무 매달리다가는
믿음의 정신을 잃고 만다. 믿음의 사람은 믿음의 결과를 믿
음의 대상에게 맡길 수 있을 정도로 철저히 믿는 법을 배운
다. 마음 같아서는 다 알고 싶고, 내 힘으로 다스리고 싶지
만 결국 그럴 수 없는 부분까지 세밀하게 역사하시는 하나
님께 맡기는 것이다.

이렇게 일상 속에서 영원한 것에 귀 기울이는 삶은 우
리 마음에 전혀 무리가 되지 않는다. 그것은 악착같은 발버
둥이 아니다. 그것은 심히 연약한 중에도 하나님을 보려는
열망으로 완벽함보다 하나님께 주목하는 것이다. 시몬 웨
일은 이렇게 말한다.

주목을 일종의 근육 운동으로 오해할 때가 많다. 교사가
"자, 주목하세요" 하고 말하면 학생들은 눈썹을 모으고 숨
을 들이쉰 채 근육을 바짝 긴장시킨다. 2분 후에 학생들에
게 그 동안 무엇에 주목했냐고 물으면 대답을 못한다. 아
무것에도 집중하지 못했기 때문이다. 실은 전혀 주목하지

않았다. 근육에 힘만 주고 있었을 뿐이다.… 그 자체만으로도 힘든 일인지라 자신은 지금껏 노력했다고 생각한다. 착각이다. 근육이 힘든 것과 참된 주목은 아무 상관이 없다.… 지성은 기쁨 속에서만 자라 열매를 맺는다.[2]

영적인 삶에 엄청나게 의미 있는 말이다. 운명론을 벗어나는 성장에서 무엇보다 중요한 것은 하나님을 간절히 바라는 마음이다. 어떤 계획이나 일련의 기술보다 더 중요한 것은 매일과 매순간에 대해 열린 마음이다.

시간 속을 진리로 걸으며

믿음에서 자라는 희망은 우리와 인생의 시간과 날짜의 관계가 달라지게 한다. 우리들에게는 시간을 크로노스(chronos)로 보려는 유혹이 끊이지 않는다. 크로노스는 단순한 시간의 흐름이요 일련의 불연속적인 우연한 사건들이다. 우리는 자기가 시간을 관리하거나 업무를 정복할 수 있다고 생각하기도 하고, 자신을 스케줄의 피해자로 느끼기도 한다. 시간을 크로노스로 보는 접근에는 시간이 어두운 짐이 된다는 뜻도 담겨 있기 때문이다. 우리는 "이 일을 다 해야 한다"고 말한다. 그날 중에 다짐한 일을 끝마치는 것은 무거운 부담과 스트레스가 된다. 시간은 무겁게 다가온다. 끝내야 한다고 생각하는 그 모든 일이 우리를 초조하게 한다. 우리는 시간을 분, 시, 주 단위로 나누고 그렇게 조각난 시간에 지배권을 내준다.

아직도 완전히 변하지 않은 우리는 시계의 시간에 묻혀 산다. 시간은 하나님을 기뻐하거나 다른 사람들에게 주목하는 순간이 아니라 목표를 달성하기 위한 수단이 된다. 결국 언제나 우리는 진짜 중요한 일이 앞으로 생길 것이라고 믿는다. 기쁨과 기도와 꿈을 위한 시간은 뒷전으로 밀려난다. 그러니 피곤하고 탈진하는 것도 당연하다! 그러니 시간의 경험 속에서 때로 무력감이나 빈곤감을 느끼는 것도 당연하다.

그러나 복음서는 '때가 찬' 시간에 대해 말한다. 우리가 구하는 것이 이미 여기 와 있다. 묵상의 삶을 산 토머스 머튼은 이렇게 말했다. "성경은 때가 찬 시간을 중시한다.

그때는 사건이 일어나는 시간이요, 감정을 느끼는 시간이요, 추수나 추수의 기쁨을 누리는 시간이다."[3] 이제 역사를 내가 '해야 할' 일을 방해하는 일련의 사건으로 보던 시각이 바뀌기 시작한다. 역사를 주관하시는 하나님을 믿는 눈으로 시간을 보는 것이다. 우리는 올해 일어난 일들이 좋았든 나빴든 그 모든 일이 단지 우연한 사건의 연속이 아니라 우리의 성장과 성숙을 원하시는 하나님 손으로 빚으신 일임을 깨닫는다.

이렇게 해서 시간은 단순한 시간 흐름인 크로노스에서 카이로스(chairos)로 바뀐다. 카이로스란 신약 성경에 나오는 헬라어 단어로, 기회 즉 계획한 목표를 위해 무르익은 순간을 뜻한다. 시간을 카이로스의 개념으로 보면 삶이 여전히 고달파 보이고 힘겨운 순간이 닥쳐 와도 우리는 "이 모든 와중에도 뭔가 좋은 일이 일어나고 있다"고 말할 수 있다. 우리의 하루하루 속에서 뜻을 이루시는 하나님을 보게 된다. 시간은 단지 통과하거나 조종하거나 관리해야 할 대상이 아니라 우리와 함께하시는 하나님의 일터로 바뀐다. 좋은 일이든, 궂은 일이든, 신나는 일이든, 골치 아픈 일이든, 무슨 일이 닥치든 우리는 이렇게 물을 수 있다. "하나님이 여기서 무슨 일을 하고 계실까?" 우리는 하루 동안 일어난 일들을 심령을 변화시키는 지속적 기회로 본다. 시간은 타자이신 하나님께 투명해지며, 우리에게 그분에 대해 말하기 시작한다.

그러나 우리는 극히 참을성 없는 문화 속에 살고 있다. 우리는 많은 것들을 원하며, 게다가 바로바로 되기 원한다. 또한 자신이 고통을 없애고, 상처를 고치고, 구멍을 메우며, 뜻깊은 위대한 체험을 만들어 낼 수 있어야 한다고 생각한다. 그것도 당장 말이다. 그러니 우리가 얼마나 참을성이 없는지 쉽게 알 수 있다. 우리는 자신이 원한다고 확신하는 계획과 프로젝트를 정해 두고는 이를 방해하는 일이 생기면 짜증을 낸다.

그러나 시간을 카이로스로 보면 믿음으로 인내할 수 있다. 우리에게 이런 의미의 인내가 있다면 예상한 것이든 뜻밖의 것이든 하루의 모든 사건을 자신을 위한 약속이 담긴 일로 볼 수 있다. 인내는 우리 안에서 하나의 태도가 되어 이렇게 고백하게 한다. "나는 삶을 억지로 몰아갈 수 없

다. 다만 삶이 그 자체의 시간과 전개를 따라 자라가게 해
야 한다." 인내는 우리가 만나는 사람들과 하루의 사건들
과 우리 시대에 펼쳐지는 역사를 모두 성장을 위한 느린 과
정의 일부로 보게 해 준다.

참을성 없는 조급한 마음의 이면은 권태다. 단순히 일
이 내 뜻대로 풀리지 않고, 대단한 일이 전혀 일어나지 않
으며, 내 모든 계획과 프로젝트에 마음이 더는 설레지 않을
때 우리는 권태를 느낄 수 있다. 권태는 운명론에서도 자란
다. 권태에도 경험의 불연속성이 배어 있기 때문이다. 오
늘은 그저 또 하나의 하루가 되고 올해는 그저 또 하나의
한 해가 된다. 모든 일이 이미 있던 대로다. 해 아래 새 것이
없다. 삶은 고인 물에 떠 있는 나뭇조각 신세가 되고 만다.

조급한 마음과 권태를 거부하기가 언제나 쉽지만은 않
다. 예수님은 열 처녀 비유를 들려주셨다. 열 처녀가 등불
을 들고 신랑을 맞으러 갔다. 그러나 미련한 다섯 처녀는
기름을 충분히 준비하지 않았다(마 25:3). 이윽고 신랑이
왔으나 이 다섯 처녀의 등불은 꺼져 가고 있었다. 우리도
신랑을 빨리 오게 할 수 없을 때 자리에 앉아 푸념을 늘어

놓을 수 있다. 그러다 등불이 꺼진다. 우리의 가장 깊은 열망의 성취가 물거품이 되는 순간이다. 거창한 일을 만들어 내려는 조급한 열망과 일이 내 뜻대로 풀리지 않아 흥미를 잃을 때 생기는 무지근한 권태는, 우리가 인생은 흔히 기다림과 고난을 통해 충만에 이른다는 사실을 잊었다는 것을 보여 준다.

주님을 중심에 모셔 들이기가 두려운 이들에게

내가 하버드 신학부에서 영성 과목을 가르칠 때 학생들은 때로 내게 더 신실하게 기도하며 살고 싶다고 했다. 학생들은 이렇게 말했다. "다시 시작하고 싶습니다." "영적 성장에 주력하고 싶습니다." "저는 지금 전환점에 서 있는 것 같습니다."

한없이 망설여지는 마음을 인정하는 학생들도 있었다. "저는 이 강좌가 두렵습니다" 하고 말한 학생도 있다. 그는 그리스도께 자신을 열어 드리면 "쓰레기를 내보이는 법을 배우고, 그 쓰레기를 치우고, 새로 창조된 공간에서 하나님의 음성을 듣는" 등 여러 불편이 따른다는 것을 알았다. 어떤 학생은 자신의 깊은 회의를 극복하려면 엄청난 노력이 필요하다며 걱정하기도 했다. 그 학생은 솔직히 이렇게 시인했다. "영적인 사람이 되고 싶지만 사양하겠습니다."

나는 학생들에게 우리는 악에 부딪히게 돼 있다고 말했다. 그 악을 성령 안에서 힘과 치유를 얻어 이겨낼 수 있지만, 손쉬운 체험은 약속할 수 없었다. 아무도 장담할 수 없다. 하나님과 우리에게 서로 최선인 것, 힘써 훈련해야 가능한 것을 주는 것이 우리 앞에 놓인 도전이다. 한 학생은 이렇게 말했다. "제 마음을 강퍅하게 하기보다는 활짝 열기 위해 노력하고 싶습니다." 정말 좋은 말이다. 마음에 남겨 둔 열린 공간에서 우리는 복음을 새롭게 발견할 수 있다.

우리를 자유케 하시는 하나님의 임재하심을 향한 열린 마음을 어떻게 하면 우리 기도에 배어들게 할까? "일하느라 정신 없어 기도와 내 삶에서 하나님이 행하시는 일에는 관심을 쏟을 겨를이 없다." 나는 사람들에게(그리고 나 자신에게) 이런 말을 수없이 듣는다. 언젠가 한 학생은 자신과 하나님의 관계를 "내 삶의 모든 외적 관심사에 에너지를 공급해 주는 일종의 불"에 견주었다. 그리고는 '그 불이 꺼지지 않기를 바란다'고 했다. 해답은 기억과 기대라는 한쌍의 자원 속에 들어 있다.

기억 속에 가득한 그분의 신실하심

　　먼저 우리는 우리 삶에서 서로 무관해 보이는 사건들이 어떻게 우리를 지금 이 지점까지 데리고 왔는지 되돌아볼 필요가 있다. 이스라엘 백성들이 역사를 자꾸 반추하며, 예루살렘까지 오는 동안 겪은 고통스런 사건 속에서 인도하신 하나님의 손길을 살핀 것처럼 우리도 잠시 멈추어 나를 빚거나 변모시킨 사건들 속에서 하나님의 임재를 분별해야 한다. 과거를 생각하지 않으면 우리는 잊혀진 기억들이 독립 세력이 되어 우리의 기능과 관계와 기도에 치명적인 악영향을 끼치게 된다. 조지 산타냐나(George San-tanyana)는 과거를 잊는 사람들은 그것을 되풀이하게 돼 있다고 경고한다. 과거를 잊는 것은 자신과 가장 친밀한 교사를 적으로 삼는 것과 같다. 그것은 믿음과 희망의 길을 찾을 수 없다고 보장하는 것과 마찬가지다.

기억을 더듬는다는 것은 아픈 추억을 특정한 방식으로 붙든다는 뜻이다. 루이스 듀프리(Louis Dupre)가 지적한 것처럼 과거에 신경증적으로 집착하는 사람은 실은 과거를 기억하는 것이 아니라 그것을 되풀이하는 것이다. 그들은 괴로운 사건들을 재현함으로 자신이 피할 수 없는 결말이 아닌 다른 결말을 얻으려 한다. 그러나 기억은 과거를 반복하는 것이 절대 아니라 과거를 치유 가망성이 있는 현재에 가져다 놓는 것이다. 지나간 실체에 새 생명을 불어넣는 것이며 그것을 새로운 정황으로 대치하는 것이다.

기억은 우리에게 하나님의 신실하심을 일깨워 주기도 한다. 그분은 힘겨운 순간에도 기쁜 순간에도 한결같은 분이셨다. 기억을 통해 우리는 불가능한 상황에서도 선을 이루신 하나님을 보게 된다. 과거를 그런 식으로 기억하면 우리는 오히려 현재에 살 수 있다. 기억은 다른 시간에 산다는 뜻이 아니라 자기 개인의 전 역사를 품고 현재에 산다는 뜻이다. 달리는 찾아볼 생각조차 못했을 여러 가능성을 인식하면서 말이다.

그러므로 기억이란 미래와 깊은 관련이 있다. 기억 없이는 기대도 없다. 기억이 적은 사람은 기대할 것도 적다. 기억은 우리를 과거에 닻을 내리게 하고, 지금 여기에 현존하게 하며, 나아가 새로운 미래에 마음을 열게 한다.

 ## 문이 열리며 미래가 다가오다

마음에 희망이 있으면 우리는 삶의 분초와 시간과 나날을 다르게 경험한다. 토머스 머튼은 당시 화해 모임 리더인 짐 포레스트에게 보낸 편지에 이렇게 썼다. "진정한 희망은 우리가 할 수 있다고 생각하는 일에 있지 않고 우리가 보지 못하는 방식으로 거기서 선을 이루시는 하나님께 있습니다."

희망은 나라의 평화, 세상의 정의, 경제 호황에 달려 있지 않다. 기꺼이 희망은 해답 없는 질문을 해답 없이 남겨 두고, 미지의 미래를 미지로 남겨 둔다. 희망은 부드럽고 유쾌한 순간뿐 아니라 실망과 흑암의 그늘에서도 인도하시는 하나님의 손길을 보게 해 준다.

지금부터 10년, 20년 후 자기가 어디에 있을지 정확하고 확실하게 말할 수 있는 사람은 아무도 없다. 자유의 몸일지 감금된 몸일지, 명예를 누릴지 천대받을지, 친구가 많을지 적을지, 남들이 나를 좋아할지 외면할지 모른다. 그러나 이런 꿈과 두려움을 살짝만 붙들고 산다면 우리는 열린 마음으로 하루하루를 새로운 날로 받아들일 수 있다. 자신의 삶을 인류에 대한 하나님의 사랑이 독특하게 표현된 것으로 여기고 살아갈 수 있다.

"삶이 있는 한 희망이 있다"는 말이 있지만 그리스도인은 "희망이 있는 한 삶이 있다"고도 말할 수 있다. 희망이 삶을 달라지게 할 수 있을까? 슬픔과 운명론을 없애 줄 수 있을까? 이 질문에 답하는 데 도움이 되는 일화가 있다.

한 군인이 전쟁 포로로 잡혔다. 그는 고국에서 멀리 이송되었다. 가족과 떨어진 채 낯익은 모든 것에서 멀어져 격리된 그는, 고향 소식을 전혀 들을 수 없었으므로 점점 더 외로워했다. 가족들이 살아 있기나 한지, 고국 상황을 전혀 알 길이 없었다. 급기야 삶의 의미마저 잃어버린 채 지냈다.

그런데 어느 날 뜻밖의 편지 한 통이 도착했다. 몇 달이

걸려 포로 수용소까지 오는 동안 편지는 귀퉁이가 찢어지고 손때가 묻어 있었다. 편지 안에는 이런 말이 적혀 있었다. "당신이 집에 돌아오기를 기다리고 있어요. 여기는 다 좋으니 걱정하지 마세요." 순식간에 모든 것이 달라 보였다. 예나 지금이나 빈약한 배급 식량을 받아먹고 중노동에 시달리는 상황은 달라지지 않았다. 그러나 이제 그는 자신의 석방과 귀향을 기다리는 가족이 있음을 알았다. 희망 때문에 삶이 달라진 것이다.

하나님도 우리에게 편지를 보내셨다. 그리스도 안에 계시된 하나님의 기쁜 소식은 우리에게 필요한 희망을 정확히 선포한다. 때로 우리에게 성경 말씀은 중요해 보이지 않는다. 별로 마음에 와 닿지도 않는다. 그러나 성경 속에서 그리스도께서는 이렇게 말씀하시는 것이다. "내가 너를 기다리고 있다. 너를 위해 집을 준비하고 있다. 내 집에는 방이 많다." 사도 바울은 "마음을 새롭게 함으로 변화를 받으라"(롬 12:2)고 말한다. 내 자원만으로는 감히 꿈꿀 수 없는 삶에 대한 약속과 초청의 말씀이 들려오는 것이다.

우리의 삶에 새로운 능력과 새 힘을 주는 희망이 거기에 있다. 슬픔과 질병과 죽음 속에서도 우리는 결코 희망을 잃지 않는 길을 발견한다. 그 길은 우리의 삶에 한 가닥 빛으로 다가온다. 비록 빛은 희미하고 우리의 삶 역시 불완전함을 인정할 수밖에 없지만 말이다. 때로 자신에게 이렇게 말해야 할 때가 있다. "나는 지금 하나님이 믿을 수 있는 분이라는 사실 하나만 붙들고 있다. 아직 온전히 믿는다고는 고백할 수 없기 때문이다." 모든 것이 완전하지 않을 때, 남들이 내 행동을 비난할 줄 뻔히 알 때, 내 약점이 많은 이들과 나 자신을 실망시키지 않을지 두려울 때에도 나는 감히 그렇게 말한다. 나는 내가 온전히 이해할 수 없을지라도 진리는 빛나리라고 여전히 믿는다. 내가 못하는 일을 하나님이 그 은혜와 측량 못할 권능으로 이루실 것을 끝까지 믿는다.

내일을 믿는 사람들이 오늘을 더 잘 살 수 있다. 슬픔에서 기쁨이 나올 것을 기대하는 자들은 옛 삶에서 새 삶의 시작을 발견할 수 있다. 다시 오실 주님을 고대하는 자들은 이미 자기들 가운데 거하시는 그분을 발견할 수 있다. 아들을 향한 어머니의 사랑이 아들의 귀환을 기다리면서 더 깊어질 수 있고, 연인들이 오랫동안 만나지 못한 후에 상대방을 새롭게 발견할 수 있는 것처럼 우리와 하나님의 친밀한 관계도 인내하면서 그분의 재림을 기대하면서 더 깊어지고 더 성숙할 수 있다.

이런 성장을 희망한다는 것, 그 가능성만이라도 믿는다는 것은 곧 모든 형태의 운명론을 거부하는 것이다. "내가 나를 알거니와 나는 어떤 변화도 기대할 수 없다"고 말하는 모든 방식을 단호히 거부하는 것이다. 낙심과 자포자기에 대한 거부는 생명을 긍정하는 장에서 비롯된다. 조급함과 폭력의 세상에서 연약하게 인생을 사는 중에도 우리 입에는 그런 긍정이 있어야 한다. 슬퍼하는 중에도 우리는 결국 우리 삶이 하나님의 더 큰 생명과 희망의 춤과 합류하리라는 것을 잊을 수 없기 때문이다.

4 감정의 조종에서 순전한 사랑으로

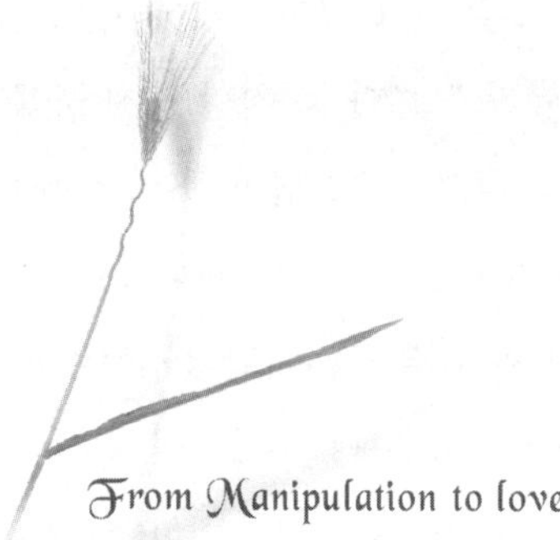

From Manipulation to love

누군가 당신에게 남을 긍휼히 여기는 마음이 있느냐고 묻는다면 당신은 얼른 그렇다고 대답할지 모른다. 적어도 "그런 것 같다"고 말할지 모른다. 하지만 잠시 **긍휼** (compassion)이라는 말을 살펴보면 대답이 한층 복잡해진다. 이 말의 어원이 문자적으로 '함께 아파한다'는 뜻이기 때문이다. 긍휼을 베푼다는 것은 다른 사람이 겪는 고통에 동참한다는 뜻이다. 긍휼을 이렇게 이해한다면, 긍휼에는 단순한 연민의 발동이나 동정의 말 이상이 있어야 한다.

긍휼을 품고 산다는 것은 다른 이의 어두운 시기에 들어섬을 뜻한다. 남들이 괴로워할 때 꽁무니를 빼거나 외면하지 않고 고통의 자리에 함께 걸어 들어가는 것이다. 사람들이 아파하는 자리에 머문다는 뜻이다. 자신이 알거나 사랑하는 사람이 비참한 일을 당할 때 긍휼이 있는 사람은 성급하게 열을 내며 그 일을 떠벌리지 않는다.

그렇게 남의 고통에 나를 열면 어떤 면에서 오히려 내 고통만 더 커지는 게 아니냐는 생각이 들 수도 있다. 다른 사람들이 고통받는 자리로 달려 들어가는 사람이 과연 얼마나 있겠는가? 애통하거나 부르짖거나 조용히 슬퍼하는 이의 아픔을 누가 쉽게 들어줄 수 있겠는가? 가난이나 고생이나 슬픔을 접할 때마다 우리는 '좀 더 편한 곳으로 가자' 고 자신을 다그친다. 이것이 인간 본성이다.

달아나자는 유혹을 애써 물리치고 정말 공감하며 들어 준다고 생각할 때조차 우리는 여전히 타인의 고통을 모면하거나 회피하려 한다. 누군가 당신을 찾아와 이렇게 말한다고 생각해 보라. "제 실망을 얘기하고 싶습니다. 이대로 버틸 수 있을지 자신이 없습니다." 그러면 우리 안에 있는 무언가가 즉각 나서서 위로하고 달래 주려 할 것이다. "생각처럼 그렇게 힘든 일은 아닙니다. 밝은 면을 보십시오. 이 상황에도 좋은 점이 있습니다." 이렇게 말하고 싶은 충동이 일 수 있다.

사제 시절에 있었던 일이 떠오른다. 나는 태풍과 홍수

가 온 동네를 휩쓸고 지나가는 바람에 엄청난 상실을 겪은 중년이 넘은 한 여인을 방문했다. 여인은 홀로 앉아 자기 집에 닥친 피해를 망연자실하여 바라보고 있었다. 그러면서 혼잣말을 했다. "나 같은 건 세상에 필요 없어. 이젠 무의미한 존재야. 남편이 죽었으니 자식이랑 이웃 사람들한테 짐만 될 뿐이야. 아무짝에도 쓸모없어. 내가 할 일은 한 가지밖에 없어. 죽는 거야." 평소에 대화를 좋아하고 외향적인 성격이었는데 이제는 나를 제대로 알아보지도 못했다.

나는 말했다. "이렇게 우울해하지 않으셔도 됩니다. 자주 찾아오고 부인을 사랑하는 아들딸이 있지 않습니까? 할머니와 함께 있을 수 있어 좋아하는 귀여운 손자들도 있습니다. 벌써 아드님은 여기에 와서 집을 고쳐 줄 계획까지 세우지 않습니까? 게다가 폭풍이 지나간 후 이 동네에서 부인만큼 잘 견디는 분도 많지 않습니다."

내 말은 여인에게 전혀 도움이 안됐다. 오히려 더 우울하고 죄책감에 빠지게 했으며, 자신의 환경을 웃는 얼굴로 맞이해야 한다는 압박감만 가중시켰다. 내 말은 위로보다 질책에 가까웠다. 사실상 나는 이렇게 말한 셈이다. "털고 일어나야 한다는 내 주장이, 힘들다는 당신 주장보다 결국 훨씬 낫소." 나는 그 여인의 감정을 수용하지 못한 채 다짜고짜 미묘한 변론으로 그 여인과 맞서 싸운 셈이다. 내가 떠날 때 부인은 더 슬퍼 보였고 어깨가 더 무거워 보였다. 내가 자기 말을 들어주었다는 표시가 아무것도 없었기 때문이다. 나는 부인에게 슬플 때 슬퍼할 수 있는 자유를 주지 못했다.

많은 만남에서 우리는 고통을 외면하려 한다. 친구가 슬퍼하는 것을 보면 슬픔을 빨리 떨치게 해 주려 한다. 어린아이나 병든 친척을 보면 서둘러 기분 좋게 해 줄 길을 찾는다. 그러나 이런 행동은 진정 상대와 '함께 아파하는' 마음에서 나온 것이 아니라 내가 불편하게 될지도 모르기 때문에 두려워서 거기서 물러서려는 자신의 욕구에서 나온 것이다. 우리는 아픔이 있는 곳에서 은근히 초조해하며 벗어나려 한다. 물론 그런 회피는 상대에게 도움이 되기는커녕 오히려 방어적인 자세를 취하게 한다. 돌봐 줄 사람이 필요한 그들을 오히려 몰아내는 것이다.

우리가 남들에게 이런 식으로 반응하는 한 가지 이유

는 자신의 고통을 회피하려 하기 때문이다. 타인의 아픔에 다가가기를 꺼리는 것은 다분히 자신은 고통당할 마음이 없어서다. 타인의 고통을 보면 내게도 고통이 될 만한 일들이 생각나기 때문이다. 그런 것들이 생각나면 마음이 불안해진다. 그러나 이렇게 우리가 고통당하는 사람 곁에 앉아 그 아픔을 똑바로 쳐다보기를 망설일 때, 상대에게는 은연중에 '기분 좋게 살아야' 한다는 무거운 부담을 전달하는 셈이다. 더 안타까운 것은, 내 쪽의 상실을 집요하게 거부하면 타인의 삶을 그만큼 통제하고 싶은 욕구는 더 강해진다는 것이다. 정신분석가 아노 그룬(Arno Gruen)은 *The Betrayal of the Self*(자아의 배반)이라는 통찰력 있는 연구에서 "우리의 잔혹함과 냉담함의 진정한 원천은 고난의 거부다"[1] 하고 설득력 있게 말했다.

우리는 우리가 사람들을 소유하고 이용할 수 있으며, 감정을 조작할 권리가 있다고 착각할 수 있다. 대처 방안에 대한 때 이른 충고, 안심시키려는 성급한 시도, 이런저런 조언의 남발 등은 사실 간편하게 마무리하려는 자신의 욕구를 더 많이 드러낸다. 그런 위로를 하며 다짜고짜 끼어들

때 우리는 아파하는 영혼이 물건이나 프로젝트인 양 대하는 것이다.

그런 접근은 시종 타인의 필요나 상처와 우리를 차단해 주는 것처럼 보이지만 결국 우리에게 전혀 도움이 안된다. 조급하게 위로하려는 자신의 고집에 오히려 갇히는 꼴이 되고 만다. 사실 소유의 방식으로 대인 관계에 접근하면 우리는 많이 실망하고 만다. 다른 이의 삶을 내 맘대로 움직이고, 고통에 대한 반응까지도 간섭하려는 시도를 반가워할 사람은 거의 없다. 남들의 고난을 불편하게 느껴서 무조건 기대하라는 짐을 지게 하면 그 부담 때문에 관계가 휘어지거나 아예 깨질 수 있다. 결국 우리는 더 고립되며 자신의 실망과 슬픔에 더 갇히게 된다.

 ## 사람들이 실망하는 이유

이 시대 사람들은 우정과 동료애와 공동체에 유난히 관심이 많다. 그래서인지 관계에 실리는 이런 부담, 실은 모든 종류의 부담이 도처에 창궐하는 듯하다. 책과 잡지 기

사에는 관계의 어려움에 대한 해결책이 난무하지만 깨지고 흩어지는 가정은 어느 때보다 많다. 대가족이 돌보며 자라는 가정은 점점 줄어든다. 우리는 심각한 단절과 뼈아픈 외로움 속에 살아간다.

대중 심리학에 관한 지식, 대인 관계에 관한 모든 프로그램, 건강한 관계에 관한 모든 세미나와 집회가 있는데도 여전히 우리는 불행할 때가 많다. 문화가 심리학과 대인 관계를 강조하다 보니 친밀한 관계에도 소비자 의식 구조가 흘러든다. 우리는 친구나 동료에게 그들이 줄 수 있는(혹은 주고 싶어하는) 것보다 더 많이 받기를 기대한다. 우리가 겪는 고난의 상당 부분은 외로움에서 생기며, 그 외로움은 자신의 높은 욕구 때문에 더욱 깊어진다.

정신과 의사 토머스 호라(Thomas Hora)는 대인 관계를 강조하는 우리 문화를 '깍지 낀 양손 손가락'에 비유했다. 깍지를 끼면 손가락 마디 안쪽 끝이 서로 맞닿는 지점까지만 맞물린다. 그 상태에서 가능한 동작은 손가락을 빼는 것뿐이다. 하지만 꽉 맞물린 상태에서 손가락을 빼다 보면 마찰이 생기고 통증까지 온다.

그러나 기독교 신앙이 보여 주는 이미지는 다르다. 기도하는 자세로 나란히 포갠 두 손은 자신을 넘어 다른 세계를 가리키며 양손의 관계도 자유롭다. 이런 관계일 때만 진정 그 관계가 오래 지속된다. 이럴 때만 쌍방의 사랑을 맛볼 수 있기 때문이다. 이는 더 크고 선행하는 하나님의 사랑을 지향하며 거기 동참하는 사랑이다. 이런 식으로 우리는 어근의 문자적 의미에서 진정한 사람(person)이 된다. per는 '통과한다'는 뜻이고 sonare는 소리이므로 (어근상으로 말하면) 사람이란, 곧 '소리를 통과시킨다'는 뜻이다. 즉 우리는 우리 자신보다 더 큰 사랑, 전달할 수는 있지만 움켜잡을 수 없는 그 사랑의 '소리를 통과시키는' 사람이다. 하나님의 사랑을 상대방에게 드러내는 존재다. 하나님의 사랑은 자유롭게 이동할 공간을 충분히 주면서도 우리를 끌어안는다.

인생의 가장 의미 있는 관계 속에서 하나님은 보조로 추가된 개념이 아니다. 우리는 상대방을 하나님의 임재를 일깨워 주는 존재로 볼 수 있다. 우정과 결혼과 교회 공동체 내의 인간관계는, 사랑의 근원이시고 모든 것을 품으시는 하나님의 사랑을 드러내는 길이 된다. 우리는 그 사랑에 동참하는 사람이요, 인간으로서 서로 그 사랑을 보여 주는 존재다.

인정받기를 갈망하기에

우리는 주로 세 가지 방식으로 이 부분에서 걸려 넘어진다. 첫째 방식은, 우리는 자신을 '정당화하고 싶은 강렬한 욕구' 때문에 어려움을 겪는 것이다. 인생에서 중요한 (혹은 별로 중요하지 않은) 사람들에게 인정을 받고 싶고 호감을 얻고 싶은 갈망에 뿌리박은 욕구다. 우리가 남을 위해서 한다고 생각하는 일 중에는 실은 남들의 칭찬을 통해 자신의 정체를 발견하고 싶은 욕구에서 비롯된 것이 많다. 자신의 그런 필요 때문에 우리는 자유롭게 행동할 수 없고 마음껏 사랑할 수 없다. 토머스 머튼은 이렇게 말했다. "다른 사람들과 세상을 위해 일하고 활동하려 하면서 정작 자기 이해, 자유, 정직성, 사랑하는 능력이 깊어지지 않는다면 그 사람은 남에게 줄 수 있는 것이 하나도 없다. 그 사람

은 남들에게 자신의 강박 관념과 의욕과 자기중심적 야망
과…이론적 편견과 사상만 전하는 것이다."[2]

우리에게 만연한 활동주의를 향한 머튼의 비판의 골자
가 담긴 말이다.

둘째 방식은 다른 사람들을 조종하고 조건을 달아 사
랑하려 하는 '활동주의'다. 남을 위한 일이라 하지만 결국
그것은 활동을 위한 활동, **나 자신**을 위한 활동이 되고 만
다. 이런 활동주의는 공로 훈장을 긁어모은다. 그 동기는
죄책감, 남에게 빚졌다는 느낌, 하나님이나 타인에게 의나
은혜를 얻어내야 한다는 의식이다. 활동주의는 결국 노력
의 중심에 채워지지 않은 자신의 욕망을 올려놓는다. 그러
므로 이는 온전하게 타인을 돕는 방식이 아니다.

그렇게 비참한 악순환이 생긴다. 우리는 자신을 정당
화하려고 할수록 그럴 수 없는 자신의 무능함에 부딪친다.
부담이 늘어날수록 자신의 채워지지 않은 욕구를 타인에
게 더 지우게 된다. 그러니 조언이 도움이 안되고, 누군가
와 함께 있어도 치유가 안되는 것은 전혀 이상한 일이 아니
다. 머튼은 친구 제임스 포레스트에게 이렇게 썼다. "당신

이 행하는 모든 선은 당신에게서 나오는 것이 아니라 순종하는 믿음으로 자신을 하나님께 사랑의 도구로 드렸다는 사실에서 나오는 것입니다. 이 점을 더 깊이 묵상하면, 자신을 입증하고 싶은 욕구에서 점차 벗어나 자기도 모르는 사이에 당신을 통해 일하실 하나님의 능력에 더 열려 있게 됩니다."

물론 이런 일은 하나님이 세상에서 여전히 활동하신다고 확신할 때에만 일어날 수 있다. 하나님은 이 세상과 우리 공동체 안에서 언제나 활동하신다. 활동주의는 하나님이 활동하지도 움직이지 않는다고, 또는 그럴 수 없다고 주장하는 불신에서 비롯된다. 자기들에게 더디거나 아예 움직이지 않아 보이는 하나님을 인간의 활동으로 대치하려는 것이 활동주의다. 그러나 반드시 알아둘 점이 있다. 남을 돕고 섬기고 돌보려는 우리의 모든 일은 하나님이 안 계신 곳에서는 생겨 날 수 없다는 사실이다. 왜냐하면 이 모든 일이 하나님이 이미 시작하신 일에 대한 반응이기 때문이다.

우리는 기도를 통해 이 하나님과 꾸준히 만날 수 있다.

기도를 통해 우리는 다른 사람들을 비난하고 판단하고 오판할 대상이 아니라 그 이상의 존재로 여긴다. 기도를 통해 다른 사람들을 적절한 선물이 필요한 연민과 '연구' 대상이 아니라 그 이상의 존재로 여기게 된다. 기도를 통해 다른 사람들은 우리 안에 심기고 이미 세상에서 역사하는 그 사랑으로 우리가 사랑하고 수용해야 할 사람이 된다.

이것은 진정한 이웃 사랑을 방해하는 셋째 방식을 극복하는 데도 도움이 된다. 셋째 방식은 우리의 '경쟁적 태도'다. 우리는 얼마나 경쟁적인지! 우리는 삶에 자신의 흔적을 남기려 한다. 남다르고 특별한 존재가 되려 한다. 아주 미묘하게 우리는 경쟁할 마음도 없으면서 경쟁한다. 자기도 모르게 그럴 때가 많다. 우리는 자신을 남과 비교하며, 남을 섬기면서도 그들이 자신을 어떻게 볼지 궁금해한다. 자신이 남보다 더 잘 섬기는지 신경 쓴다. 자비 행위에도 성취 욕구를 끌어들이는 것이다.

그 정도가 심하다 보면 아예 타인과 비교하면서 자신의 정체를 찾는 경우도 있다. 자신이 남다른 존재라는 생각을 버리고 다른 이의 연약함 속으로 들어가 아픔을 함께 나눌 수 있는 가능성을 우리는 절대 인정하지 않는다. 자신과 자신의 야망을 옹호하는 데 바빠 그런 일을 쉽게 허용하지 못한다.

진정한 긍휼의 근원

이쯤에 우리가 깨닫는 사실이 있다. 우리의 의도가 아무리 선해도 우리 삶의 진정한 기초를 이루는 것은 긍휼이 아니라는 사실이다. 긍휼은 우리의 자발적 반응에서 나오는 것이 아니다. 오히려 그것은 우리 본성에 맞지 않는 것이다. 인간에게 긍휼이 가능한 것인지조차 의심스럽다!

이런 시각은 건강한 결과를 낳는다. 온전한 의미의 긍휼은 하나님께만 속할 수 있다. 하나님만 진정한 긍휼을 품으실 수 있다는 것이 복음의 핵심 메시지다. 그분은 우리와 조금도 경쟁하지 않으신다. 예수님이 사람들을 그토록 가까이 대하고, 깊은 관심을 보이며, 잘못을 지적하고, 아픔을 치유하며, 자상히 돌보실 수 있었던 비결은, 사람들을 의존하지 않고 오직 하나님을 의존하셨기 때문이다. 그분은 자신을 위해서가 아니라 사람들을 위해 그들을 대하셨다. 심리학 용어로 말한다면 그분은 반대급부를 생각하지 않고 관심을 쏟으셨다. 예수님의 질문은 "내가 어떻게 만족을 얻을 것인가?"가 아니라 "상대의 진정한 필요에 어떻게 반응할까?"였다. 이는 더 깊은 만족과 더 깊은 친밀함이 있을 때만 가능한 일이다. 그럴 때 다른 사람에게 관심을 쏟을 수 있다. 사랑을 받은 적이 있으면 우리도 다른 사람에게 조건 없는 사랑을 줄 수 있다. 내 필요를 먼저 채워야 한다는 조건이 없어진다.

당신에게 가장 깊은 영향을 미친 사람들을 생각해 보라. 그들을 생각할 때마다 나는 놀라운 사실이 생각난다. 그들은 내게 애써 영향력을 미치려 하지 않았으며 굳이 내 반응을 요구하지도 않았다. 오히려 그들은 특정한 내적 자유를 보여 주었다. 그들을 보면 자기 이상의 다른 존재와 맞닿아 있다는 느낌이 들었다. 그들은 자기보다 큰 실체를 가리켰고, 그들의 자유는 큰 실체인 그분 안에서 자랐다. 이렇게 중심이 잡힌 상태, 내적 자유, 영적 독립은 신비한 전염성이 있다.

다른 사람들을 우리 이상의 다른 존재, 즉 생명과 치유의 원천이요, 존재의 핵심이요, 보이지 않는 실체인 하늘 아버지와 연결시킬 때 진정한 사역은 시작된다.

고독과 침묵 훈련

위에서 언급한 사항을 명심하고, 이제 우리는 어떻게 하면 변하는 힘을 지닌 깊은 사랑의 자리로 나아갈 것인가? 어떻게 하면 타인의 기쁨과 아픔을 온전히 경험할 때, 자아의 감옥에서 벗어나 더 큰 기쁨을 맛볼 수 있는가? 어떻게 하면 우리의 깨진 인간관계가 치유될 수 있을까? 어떻게 하면 하나님의 긍휼이 우리의 긍휼이 될 수 있을까? 우리가 사랑할 수 있는 것은 먼저 사랑받았기 때문이다. 예수님은 먼저 베푸시는 하나님의 사랑이 실현되는 한적한 장소를 찾아 기도하셨다. 우리는 다른 사람의 반응에 개의치 않고 자신을 바라볼 때에만 진정으로 사람들을 섬길 수 있다.

이런 접근은 두 가지 훈련을 통해 우리 안에 뿌리내릴

수 있다. 그 하나는 고독이다. 고독은 반사회적 감정을 품고 침묵 속으로 물러나는 것이 아니다. 고독은, 우리가 혼자여서 때로 치유가 필요하다는 서글픈 사실이 아니라 하나님과 연합할 수 있는 기회가 된다. 사실 고독은 다른 두 비슷한 말과는 사뭇 의미가 다르고 풍부하다. 혼자라는 말은 흔히 인간은 누구나 독립된 존재라는 중립적 의미로 쓰인다. 외로움이라는 말에는 타인의 부재나 쓸쓸함이나 아픔이 더 배어 있다. 그러나 고독에는 기쁨과 가능성의 기운이 담겨 있다. 그리스도인에게 고독은 단순히 숲이나 사막이나 산꼭대기에 숨어들어 은밀히 칩거한다는 뜻이 아니다. 오히려 하나님의 임재 가운데 감히 선다는 뜻이다. 단순히 혼자 있는 시간을 확보하기 위해서가 아니라 하나님과 단둘이 있기 위해서다.

하나님과 단둘이 있을 때 우리는 무엇을 하는가? 사람들 대부분은 생각하거나 말하거나 질문을 던진다. 그러나 하나님과 단둘이 있을 때, 듣는 것도 얼마나 중요한 일인지 모른다. 고독이란, 곧 나를 '사랑하는 자' 라 부르는 음성, 나를 다음 장의 모험으로 이끄시는 음성, 하나님이 예수님께 하신 것처럼 "이는 내 사랑하는 아들이요 내 기뻐하는 자라"(마 3:17) 말씀하시는 음성을 들을 수 있는 자리다.

'사랑하는 자' 라는 말은 우리 삶 전체에 생생히 울려 퍼질 수 있다! 당신은 들을 수 있는가? 인간은 누구나 하나님을 대변하는 듯한 여러 목소리를 들으며 살아간다. "너 자신을 입증해 보여라. 뭔가 남다른 일을 해라. 그러면 내가 사랑으로 임하겠다." 이런 말도 들려온다. "경우에 맞는 일을 해라. 사람들 입에서 네 칭찬이 나오게 해라. 어떻게 든 돈과 재산과 권력을 모아라. 그러면 내가 너를 사랑하겠다." 마음이 불안해서 우리는 안간힘을 다해 이런 목소리에 부응하려 한다. 그리하여 우리는 자신이 주목받아 마땅하고, 칭찬받을 만큼 선하며, 애정과 관심을 당연히 받아야 할 존재임을 입증하느라 늘 바쁘다.

우리는 위세를 부리거나 흔적을 남기라고 자신을 다그친다. 우리는 흔히 그것을 '소명' 이라 부르지만 예수님은 '유혹' 이라 부르신다. 성전에서 뛰어내려 능력을 보이고 돌을 떡으로 바꿔 사역의 자격을 입증하라고 다그치는 자를 예수님은 절대로 용납하지 않으셨다. 그분은 자신을

'사랑하는 아들'이라고 부르신 하나님의 음성을 들으셨다. 이것이 그분의 사역과 소명의 기초다. 그분은 단순한 피상적 선행에 마음이 흔들리지 않으셨다. 그분은 하나님의 임재 자체를 품으셨다.

우리는 그리스도 안에서 사랑받는 자다. 명성이나 훌륭한 행동 때문이 아니라 하나님이 영원한 사랑으로 우리를 사랑하셨기 때문이다. 그러나 우리로서는 그 사랑을 선포하는 음성을 듣기 힘들다. 어떤 사람은 "아무 소리도 안 들린다"고 말한다. 우리는 '성공'이나 '결과'를 내세우는 다른 모든 목소리를 듣는 데 매우 익숙하고, 한편으로는 상당히 조건화되었다. 때로는 '내 귀에는 여기로 가라, 저것을 하라, 이 명령을 수행하라고 다그치는 목소리밖에 들리지 않는다'고 생각한다. 그러나 바로 그때 우리는 다른 목소리를 간절히 원한다.

그렇다고 해서 우리가 사역의 열매를 보아서는 안되고, 재산을 가져서도 안되고, 소유를 즐겨서도 안된다는 말이 아니다. 다른 사람들의 애정과 사랑을 받으려 해서는 안된다는 말도 아니다. 단지 세상의 변덕스런 약속이 아니라, 나를 '사랑하는 자'라 부르시는 하나님의 말씀에서만 우리 정체의 기초를 찾을 수 있다는 말이다. 그리스도 안에서 우리는 하나님의 사랑을 받는 자로 살아간다. 우리가 태어나기 전에도 그랬고 우리가 죽은 후에도 그럴 것이다. 출생과 죽음 사이의 어떤 상황도 이 사실을 무효화할 수 없다.

데이브레이크와 같은 공동체 기관인 라르쉬 공동체의 창설자 장 바니에는 14년이란 오랜 세월 동안 혼자 지내며 기도하고 말씀을 읽으면서 하나님의 인도를 구했다. 바니에는 큰 기관을 구상한 일이 없다. 다만 하나님을 만나면서 중증 장애인 두 명을 초청해 함께 살면서 믿음과 섬김의 예배 공동체를 만들기로 어느 날 결단했을 뿐이다. 바니에는 "나는 최대한 많은 사람을 도와야 한다"고 말하지 않았다. "세상의 모든 정신 장애인을 위해 뭔가 해 보자"고 외치지도 않았다. 그저 "어려운 사람 두 명을 데려다 함께 살기 시작하라"는 음성을 들었을 뿐이다.

바니에는 어느 시설을 찾아가 다운증후군인 두 남자를 만났다. 부모도 없고, 다른 가족도 없고, 찾아오는 사람도 없고, 친구도 없는 딱한 사람들이었다. 바니에는 작은 집을 세내 "여기에 가족 같은 분위기를 만들어 보자"고 말했다. 그들은 성경에 나오는 노아의 방주를 따 그곳을 '방주'(장 바니에의 모국어인 프랑스어로 '라르쉬')라 불렀다. 고독한 귀 기울임에서 조촐하게 출발한 공동체가 지금은 전 세계 작은 집에서 장애인과 봉사자를 합해 회원이 3,000명에 달하는 공동체 조직으로 성장했다.

고독에 대한 얘기에는 상처를 안고 살아가는 법과 상처받은 이들과 더불어 살아가는 법에 적용할 부분이 아주 많다. 우리는 내게 상처 입힌 자가 누구며 그 상처가 어떻게 나타나는지 따지느라 시간을 많이 소비하기 때문이다. 인생을 살아오면서 우리는 정작 나를 사랑하는 부모, 자녀, 동료, 친구, 배우자에게 상처를 입었다. 하지만 사랑받고 싶다는 가장 깊은 욕구를 채워 줄 수 있는 사람이 아무도 없기에 우리는 고독 속에서 용서하는 법을 배워야 한다.

이것은 우리에게 끊임없는 도전이다. 아침을 먹으러 가기 전만 해도 내 머릿속에는 지금 모습과 조금 달라야 한다고 생각하는 사람들이 족히 스무 명은 떠오른다. 이 사람은 몸매 관리 좀 하면 좋겠고, 그 사람은 지각 좀 그만 하면 좋

겠고, 저 사람은 무뚝뚝하지 않으면 좋겠고…. 이런 상황
에서 우리는 끊임없이 긍휼을 베푸는 법을 배워야 한다. 매
사에 완전을 바라는 것이 우리 마음이지만, 사실 우리 역시
항상 지극히 불완전해 보이는 상황 속에 살기 때문이다. 우
리는 사랑과 삶이 모두 불완전한 사람들과 부닥치며 산다.

그러나 우리를 극진히 사랑하는 사람들이든 그렇지 않
은 사람들이든, 바로 그 사람들 속에서 하나님의 사랑이 우
리에게 이른다. 소란스런 삶의 방해와 혼선 속에서 그 사랑
을 구별해 낼 수만 있다면, 누군가 우리에게 상처를 주거나
해를 입히기 전에 이미 그 사랑이 우리에게 왔다는 사실을
알 수 있다. 이 사랑은 우리가 죽은 뒤에도 영원히 존재할 것
이다. 고독은 다른 무수한 음성에 귀를 내주지 않는 것이다.
고독을 통해 우리는 그 사랑의 음성을 다시 들을 수 있다.

자신이 사랑받는 자임을 믿는다면 우리는 자신을 받아
들이지 않는 상황에서도 용서를 베풀 수 있다. "당신을 놓
아 드립니다. 당신이 저를 용서하지 못할지라도 기꺼이 당
신을 용서합니다. 왜냐하면 저는 사랑받기 때문입니다" 하
고 말한다. 거기서 더 나아가 이런 말도 할 수 있다. "당신

이 아직, 어쩌면 영원히 저를 용서할 수 없을지라도 당신의 용서를 구합니다.”

물론 고독은 쉽게 얻을 수 없다. 고독을 방해하려고 음모를 꾸미는 세력은 얼마든지 많다. 끊임없이 울려 대는 전화벨과 첨단 통신망은 우리의 시간과 주목을 끌려는 다른 사람의 요구에서 결코 우리가 멀리 떨어져 있게 놔두지 않는다. 텔레비전도, 신문도, 라디오도, 전화도, 잡담도 없이 한 시간 동안 그저 의자에 앉아만 있으려고 한 적이 있는가? 어렵사리 시끄러운 사회에서 벗어나 조용히 틀어박혀 있다 해도 이번에는 내면의 음성이 일어나 마음을 요란하게 휘저어 놓을 것이다.

고독을 훈련이라 하는 이유가 바로 여기에 있다. 고독은 어느 정도의 집중이 필요하다. 외롭다 생각하니 거부당한 느낌이나 무용지물이 된 기분을 여간해서 완전히 무시할 줄 모르기 때문에 특히 그렇다. 우리는 불안한 자아에게 우리 자신의 존재를 확인시키기 위해 활동을 멈추지 않으려 한다. 침묵 속에 하나님과 단둘이 있으려면 끊임없는 그런 세력에 눈길을 주지 말아야 한다. 우리는 스스로 만들어내는 것보다 깊은 통찰과 연합을, 하나님과 함께 할 조용한 시간을 기다리려는 결단이 필요하다.

두 가지 훈련 중 다른 하나는 고독과 단짝인 침묵이다. 우리는 듣고 말하는 모든 것을 통해서만 아니라, 스스로 결단해서 듣고 말하지 않는 것을 통해서도 성령의 삶에 참여한다. 우리 내면과 우리 가운데 계신 성령은, 우리가 하는 구원의 말과 치유 행위를 통해서 뿐 아니라, 침묵이라는 귀 기울임을 통해서도 나타나실 수 있기 때문이다.

물론 침묵은 두려울 수 있다. 침묵하라고 하면 겁에 질리는 이들이 많다. 침묵은 우리를 얼어붙게 하며 답답하게 할 수 있다. 그런 침묵에서는 결코 새로운 것이 태어날 수 없다. 그리고 침묵이라는 귀 기울임에서 태어나지 않은 말은 사람을 아프고 괴롭게 할 수 있다. '말이 많고,' 언어를 압제와 조종의 도구로 사용하는 사람들이 많다. 우리의 말은 기회주의적인 말이 된다. 이런 말은 치유력도 없고 연합에도 도움이 안된다. 심지어 연합을 위한 귀중한 침묵을 격려하는 것이 아니라 우리 삶이 뒤죽박죽이 되게 한다.

이런 문맥에서 자유케 됨이란 침묵과 말 사이의 친밀

한 관계를 회복하는 것이다. 둘 다 열매를 맺을 수 있도록 말이다. 우리는 적절한 때를 가려 말을 하고 손을 내밀고 언어로 감화를 해야 한다. 그러나 침묵이 가장 깊은 섬김이 되는 시점도 분명히 가려낼 줄 알아야 한다. 하나님이 성령을 보내실 때 그런 일이 일어난다. 결국 우리는 침묵과 언어, 둘 다를 통해 하나님을 경험한다. 복음서에 보면 예수님은 "한적한 곳으로 가사 거기서 기도하셨다"(막 1:35). 동시에 그분은 하나님이 주신 말로 말씀하셨다(요 14:10). 침묵과 언어가 둘 다 제자리에 있었고, 그분은 침묵 속에서 적절한 말을 찾으셨다.

고독과 고독이 만날 때

우리는 공동체 안에서, 다른 사람의 아픔을 진정으로 돕고 다른 사람의 고난에 사랑으로 반응하는, 믿음과 긍휼이 있는 사람으로 살아간다는 것의 의미를 조금 알 수 있다. 공동체란 단순히 사람들이 함께 사는 곳이 아니라 고독과 고독이 만나는 곳이기 때문이다. 다른 사람들과 깊이 연합하는 것과 치유를 만나는 것은, 감정의 조종이나 미묘한 게임을 하지 않고 남에게 사랑 베푸는 맛을 조금이라도 본 사람들에게서 나오는 것이다.

물론 이것은 외로움이 외로움을 만나고 필요가 필요와 충돌하는 것과는 다른 만남이다. 이런 만남은 오히려 사람들을 복잡하고 어려운 상황에 얽혀들게 한다. 인간과 인간이 서로 잘 지내기가 그토록 어려운 것도 무리는 아니다! 다른 사람을 도우러 갈 때 내면 깊은 곳에서 이런 간절한 말이 들려온다는 것은 분명한 사실이다. "나를 사랑해 주십시오. 저는 당신 없이는 살아갈 수 없습니다." 자신도 모르는 사이에 사랑을 붙드는 것이 아니라 자신의 절박한 필요에 매달리는 것이다.

우리가 폭력적이 되는 주된 이유는 상대가 줄 수 있는 것보다 더 많은 것을 기대하기 때문이다. 하나님이 주시는 해답을 사람에게서 찾는다면 사람을 신(god)으로 만들고 자신은 마귀가 된다. 우리의 손이 이제는 쓰다듬지 않고 움켜쥔다. 우리의 입술이 이제는 입맞춤이나 친절한 말을 하지 않고 물어뜯는다. 우리의 눈이 이제는 기대하며 바라보지 않고 의심하며 바라본다. 우리의 귀는 듣는 것이 아니라 엿듣는다. 개인이든 단체든 결국 내 두려움과 불안을 인간이 해결해 주리라고 생각할 때마다 우리는 깊은 좌절에 빠져 온유함을 잃고 폭력적이 되게 마련이다.

이렇듯 공동체란 외로움에서 자라날 수 없다. 공동체는 자신이 사랑받는 사람임을 깨닫기 시작한 사람이, 다른 사람을 사랑받는 사람으로 볼 때 생겨난다. 내 안에 살아 계신 하나님이 그 사람 안에 거하시는 하나님과 인사하는 것이다. 사람들에게 내 모든 해답이 되어 달라고 요구하지 않을 때, 비로소 상대가 내게 주는 선물을 받아들일 수 있다. 인간은 하나님의 위대한 사랑을 부분적으로 반영할 뿐이다. 그렇지만 엄연히 반영은 반영이다. 상대에게 모든 것을 바라고 신이 되어 주기를 바라는 자세를 버릴 때, 비로소 우리는 상대가 주는 선물을 정확히 볼 수 있다. 무한한 사랑의 유한한 표현으로 인간을 바라보는 것이다.

그러므로 사람들과 함께 살며 섬기며 예배할 때, 우리는 서로 의지하고, 자신이 신이 아니며 자신의 필요를 스스로 채울 수 없으며, 상대방의 필요도 완전히 채워 줄 수 없다는 사실을 일깨워 주게 된다. 여기에는 놀랍도록 우리를 겸손케 하고 자유케 하는 요소가 들어 있다. 사람들이 서로 은혜를 베풀 여지를 발견하기 때문이다. 우리가 하나님이 아니라고 해서 하나님의 무한한 사랑을 (유한한 방식으로 나마) 매개할 수 없다는 말은 아니다. 공동체란 기꺼이 "예, 우리는 그리스도 안에서 승리합니다" 하고 고백하는 기쁨과 축제의 자리다.

그것이 십자가 승리다. 사랑은 죽음보다 강하다. 공동체는 이 새로운 공동 생활에 기뻐할 것이 있고, 환희(ecsta-tic)-죽음이라는 정지(static) 상태에서 벗어나서 인간이 두려워할 필요가 없음을 선포하는 것-가 있다는 것을 세상에 계속 알리는 자리다. 다른 사람에게 좋은 것을 은혜로, 값없이 받았음을 알고 깨닫는 순간 내 마음속에 감사가 저절로 생긴다. 이제 나는 자신의 '명분'을 위해 남의 도움을 끌어내거나 제어하지 않는다.

 ## 감정 조종을 지우고 나면

다른 사람들과 함께 살면 우리의 편협한 시각도 깨질 수 있다. 삶을(그리고 다른 사람을) 내가 소유하고 통제하고 정복할 소유물로 대하면 우리는 바로 볼 수 없다. 꽃을 움켜쥐면 아름다움을 오래 발산하지 못하고. 곧 시들고 말 것이다. 친구를 이기려고 친구의 약점으로 압박하면 우리는 친구가 될 수 없다. 이기려는 태도로 사람을 대하면 사람들은 내게 자신의 참 모습을 감출 것이다. 폭력은 이런 생활방식의 형제요, 불신은 그 자매다. 누구든 자기를 조종하려는 태도로 대하면, 상대방에게 자신을 열지 않는다. 꼭꼭 문을 닫아건다. 참 모습을 숨긴다. 불투명해진다.

피차 이런 식으로 대한다면 인간은 내가 규정하고 딱지를 붙이고 분류하고 조종해야 할 대상에 불과하다. 그러나 이때 기도가 도움이 된다. 기도를 통해 모든 삶을 선물로 보게 되면 인간이야말로 그 중 최고의 선물이 된다. 그들은 이제는 이리저리 옮겨 놓는 장기판 위의 말이나 내 계획과 야망을 도와줄 대상이 아니라 함께 공동체를 이루며 뭔가 가르쳐 줄 사람이 된다. 기도를 통해 우리는 사람이 평가할 대상을 넘어서는 존재임을 발견한다. 피차 사람이 되면 우리는 우리가 만들 수 있는 것보다 큰 평화의 소리와 우리가 품을 수 있는 것보다 깊고 넓은 사랑이라는 '소리를 통과시키는' 자가 된다.

사람이 되면 우리는 서로 투명해진다. 우리를 통해 빛이 비칠 수 있고, 우리를 통해 하나님이 말씀하실 수 있다. 우리 각자가 평가 대상이라는 한계를 초월하여 사람이 될 때 사랑이신 하나님이 우리 가운데 자신을 나타내시며 우리를 공동체로 묶으실 수 있으며 우리는 투명해진다. 다른 사람들도 불투명함을 벗어 버리고 우리에게 주님의 사랑의 얼굴을 드러낸다.

우리 사회는 사람을 투명하게 보기 어려운 곳이다. 다른 사람들을 극중 등장인물로 대할 때가 많기 때문이다. 각기 다른 목적에 사용할 수 있는 재미있고 서로 다른 인물로 말이다. 우리는 말한다. "이 남자는 이 일을 잘해. 저 여자는 그 일을 잘해." 우리는 사람들을 이용하고 싶어한다. 물론 사람들에게 각각 적절한 일을 기대해야 할 때도 있다.

당연히 교사에게는 가르칠 것을, 전화 안내원에게는 번호 안내를 기대해야 한다. 그렇지만 우리는 사람이란 역할 이상의 존재임을 잊지 말아야 한다. 당신이 내 안에서 내 기능이나 직무 이상의 것을 본다면 나는 서서히 더 깊은 차원에서 당신과 대화할 수 있다. 당신에게 진정한 의미의 사람이 되는 것이다.

이렇게 다른 사람을 진정으로 만날 때 우리는 감탄할 만한 아름다움과 경이감을 접하게 된다. 우리 자신도 보지 못하고 완전히 이해하지 못하는 실체를 상대방을 통해 자주 보게 된다. 그러므로 기도의 삶이란 세상을 어둠에서 빛으로, 사람을 단순한 역할에서 한 인간으로 바꿔 놓는 삶이다.

원수는 어디론가 사라지고

복음의 메시지에는 긍휼이 넘쳐 난다. 기꺼이 '함께 아파하려는' 사랑이 넘쳐 난다. 마음에 안 드는 사람들에 대해서도 말이다. 사랑스럽지 않고 사랑할 마음이 생기지 않는 사람들에게도 하나님은 사랑이시다. 예수님은 말씀과 행동은 물론이고, 무엇보다도 자신의 삶과 죽음으로 이 사실을 우리에게 보이신다. 예수님은 하나님의 이 사랑을 삶의 기초로 삼으라고 명하신다. 그분은 말씀하셨다. "내 계명은 곧 내가 너희를 사랑한 것같이 너희도 서로 사랑하라 하는 이것이니라"(요 15:12).

이 사랑의 소명이 온전하게 의미하는 것은 이해하기 어렵다. 예수님이 우리에게 명하시는 사랑은 친절한 이웃만 아니라 원수도 포함한다. 그 사랑은 많은 부분에서 우리의 욕망과 필요와 기대와 어긋날 수 있다. 우리가 이해하는 사랑은 매력, 상호 조화, 성욕, 민감성에 대한 문화적 이해 같은 대인 관계 개념의 영향을 너무 깊이 받았다. 그래서 우리는 하나님의 사랑이 이런 요인들을 훌쩍 뛰어넘는다는 사실을 좀처럼 이해하지 못한다.

기독교 역사를 보면 흔히 원수에 대한 사랑을 거룩함의 핵심으로 간주하였다. 20세기 그리스 정교회 수사인 스타레츠 실루안(Staretz Silouan)은 이렇게 썼다. "원수를 위해 기도하면 평안이 찾아온다. 원수를 사랑하면 자신 안에 놀라운 하나님의 은혜가 거한다고 확신해도 좋다."[3]

사랑의 테스트는 원수를 용서하는 것이다. 예수님이 용서하신 것처럼(눅 23:34) 우리도 용서해야 한다. 기독교 최초의 순교자인 스데반이 돌에 맞을 때 주님의 본을 따라 "주여, 이 죄를 저들에게 돌리지 마옵소서"(행 7:60)라고 기도한 것처럼 말이다. 물론 쉽지 않은 일이다. 하나님께 '사랑받는 자'라는 말씀을 들은 후에도 우리는 계속 주목과 애정과 영향력과 힘을 다분히 탐하기 때문이다. 이런 필요는 우리의 상처에서 생겨나며, 영영 채워지지 않을 것 같다. 이런 상처의 원인을 찾으려 할 때마다 으레 발견하는 사실이 있다. 상처가 있는 다른 사람들이 우리에게 그 상처를 입혔다는 사실이다. 세대와 세대를 통해 상처와 욕구는 순환하는 듯하다. "나만이라도 남에게 나라도 상처를 주지 말아야지" 하며 노력하지만 아무리 내 의도가 선해도 나한테 거부당하고 오해받고 상처받았다고 느끼는 사람들은 여전히 있게 마련이다.

이렇듯 서로 맞물린 상처와 욕구가 긴 사슬을 이루어 뒤로는 머나먼 과거에, 앞으로는 우리 미래에 뻗어 있는 것 같다. 이런 현실 때문에 우리는 때로 사랑을 일종의 기계적인 거래로 바꾸고 싶어한다. "네가 날 사랑하면 나도 널 사랑하겠다. 네가 나한테 주면 나도 너한테 주겠다. 네가 나한테 빌려 주면 나도 너한테 빌려 주겠다." 자신의 가장 깊은 정체감을 계속 다른 사람들 속에서 찾으려 하는 한, 결국 우리는 내 편인 사람들과 내 편이 아닌 사람들, 나를 받아들이는 사람들과 나를 거부하는 사람들, 친구와 적으로 세상을 양분하게 된다.

복음은 우리에게 하나님의 긍휼을 보임으로 이런 상처와 욕구라는 사슬에서 우리를 풀어 준다. 우리가 하는 일은 상처에서 비롯된 욕구에 반응하는 수준이지만, 긍휼이 하는 일은 그 이상이다. 복음은 우리를 인간의 모든 수용이나 거부에 선행하는 하나님의 수용에 닿게 해서 우리를 자유케 한다. 이 최초의 사랑은 모든 것을 품는 사랑이다. 그 사랑에는 친구만 아니라 원수를 사랑하는 힘이 있으며 우리도 그렇게 사랑하게 하는 힘이 있다. 이거야말로 우리를 "은혜를 모르는 자와 악한 자에게도 인자"하신 "지극히 높으신 이"(눅 6:35)의 아들딸이 되게 하는 사랑이다. "하나님이 그 해를 악인과 선인에게 비춰게 하시며 비를 의로운 자와 불의한 자에게 내리우심이니라"(마 5:45).

우리의 사랑이 하나님의 사랑에서 비롯되면, 우리는 사람들을 사랑받을 만한 사람과 그렇지 않은 사람으로 구분하지 않는다. 이 사랑이 있으면 우리는 원수를 내가 사랑받는 것과 똑같이 사랑받는 사람으로 볼 수 있다. 이제 우리는 다른 사람과 비교해서 상하 개념이나 적대 개념으로 자신을 규정할 필요가 없다. 그리스도께서 사랑하신 것처럼 사랑한다는 것은 친구와 적을 구분하지 않는 하나님의 사랑에 동참하는 것이다. 마틴 루터 킹 주니어는 이렇게 말했다. "아무 보상도 바라지 않는 넘치는 사랑, 즉 아가페는 인간의 마음속에서 역사하는 하나님의 사랑이다. 우리는 그 차원에서 사람들을 사랑하지, 그들이 내 마음에 들거나 그들에게 뭔가 하나님의 흔적이 보이기 때문에 사랑하는 것이 아니다. 우리가 모든 인간을 사랑하는 것은 하나님이 그들을 사랑하시기 때문이다."[4]

어찌 보면 원수는, 우리가 마음속에서 어떻게든 그를 하나님의 사랑에서 제외시키려 하기 때문에 원수가 된다는 사실을 잊지 말아야 한다. 예수님은 말씀하셨다. "너희 아버지의 자비하심같이 너희도 자비하라 비판치 말라 그리하면 너희가 비판을 받지 않을 것이요 정죄하지 말라 그리하면 너희가 정죄를 받지 않을 것이요 용서하라 그리하면 너희가 용서를 받을 것이요”(눅 6:36-37).

여기서 우리는 또 다른 교훈을 배운다. 하나님의 거룩한 사랑은 우리를 겸손하게 하며 내적 가난 상태로 낮춘다는 것이다. 산상수훈에서 예수님은 “가난한 자는 복이 있나니” 하셨다. “가난한 자를 돌보는 자는 복이 있나니” 하시지 않은 점에 주목하라(‘지극히 작은’ 자와 궁핍한 자를 도운 사람들을 다른 곳에서 분명 칭찬하셨지만 말이다). 어떤 의미로 보면 그리스도의 몸 안에서는 모든 사람이 가난하다. 그러나 피차 가난한 모습으로 연약함을 나누며 함께 모이면 우리는 서로 베풀고 또한 받는다.

우리의 가난 속에는 복이 숨어 있다. 하나님은 당당한 기품이나 조종하는 권위 속이 아니라 연약하고 깨진 모습 속에 그분의 영광을 드러내기로 정하셨기 때문이다. 십자가가 우리에게 새삼 가르쳐 주는 바가 바로 그것이다. 찢긴 몸으로 십자가에 달리신 그리스도를 바라보던 전도자 요한은 그분의 옆구리에서 흘러나오는 물과 피를 보았다(요 19:34). 우리도 그분의 찢긴 몸에서 흘러나오는 선물을 본다. 그 몸은 우리에게 생명을 주셨고, 우리 공동체와 인간관계에 새 생명을 주실 것이다. 우리는 환난을 당할 것이다. 함께 환난을 당할 것이다. 그러나 그때 우리는 다름 아닌 하나님의 임재를 누리게 된다. 그분의 위로에 힘입어 계속 앞으로 나아갈 것이다.

혼자 당하는 고통과 함께 당하는 고통은 아주 다르게 느껴진다. 고통이 사라지지 않더라도 우리는 누군가 가까이 와서 나와 함께 고통을 나눌 때와 홀로 고통을 겪을 때의 차이가 얼마나 큰지 잘 안다. 이런 위로가 가장 온전하고 위력 있고 가시적으로 나타난 것이 성육신이다. 하나님이 우리 가운데, 우리 삶에 친히 오셔서 "내가 언제 어디서나 너와 함께 있다"고 일깨워 주신 것이다. 그리스도 안에서 하나님은 우리의 숱한 고난 가운데 우리 곁에 가까이 오신다. 아기와 청소년이 겪는 아픔, 청년과 노인이 받는 상처, 실직자와 졸지에 배우자를 잃은 사람의 비애 등 인간의 고난 중 어떤 식으로든 하나님이 맛보지 못하는 부분은 없

다. 그것이 육신이 되어 우리 가운데 거하신 하나님의 크고
놀라운 신비다. 하나님은 우리와 슬픔을 함께 나누시며 우
리를 불러 춤추는 법을 배우라고 하신다. 혼자가 아니라 다
른 이들과 더불어, 서로 주기도 하고 받기도 하면서, 하나
님의 긍휼을 같이 누리면서 말이다.

5 두려운 죽음에서
환희의 삶으로

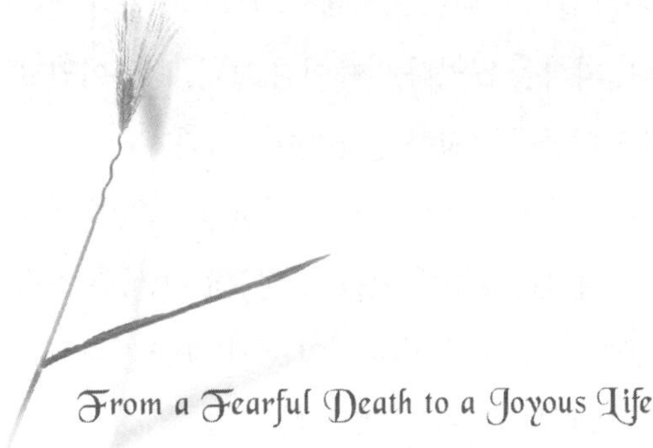

From a Fearful Death to a Joyous Life

나는 죽을 뻔한 적이 두 번 있다. 죽을 고비를 처음 맞았을 때는 차가 많이 다니는 교외에서 길을 걸어가다 밴에 치었을 때다. 의식을 잃었다가 깨어나 보니, 병원이었고 간호사들과 의사들이 걱정하며 둘러서 있었다.

그로부터 얼마 지나지 않아 다시 병원에 갈 일이 생겼다. 이번에는 위험한 중병에 걸렸다. 정신없이 바쁜 스케줄 때문에 몸이 지칠 대로 지쳐 있어 병과 싸울 기력조차 없었다. 이때도 나는 거의 죽을 뻔했다.

두 번 다 죽음이 내 곁에서 가깝게 맴돌았다. 죽을 고비에서 벗어날 때마다 나는 죽을 준비가 된 사람이 참으로 적다는 것을 깨달았다. 내가 아는 사람들 대부분은 어쩔 수 없는 상황이 터지기 전에는 죽음을 준비하지 않는다. 심지어 죽음이 눈앞에 닥쳐와도 죽음을 직시하는 경우가 거의 없다! 하나님은 우리의 생명이 생사의 지평을 훌쩍 뛰어넘는, 더 큰 생명의 일부가 되게 하시지만 우리는 그 사실을 망각하기 일쑤다.

어느 친구가 죽어 간다면 나는 그가 낫기를 정말 간절히 바랄 것이다! 그러나 결국 모든 이에게 최후의 치유는, 신체 질환이나 기력 감퇴에서 벗어나는 것 이상이라는 사실도 안다. 30년이든, 90년이든 우리 수명은 하나님이 주시는 숨은 선물을 받아들이는 기회다. 때로 고달프지만 깊이 성장하고 하나님과 만나는 장을 열어 주는 현실이라는 선물이다. 치유를 찾는다는 것은 하나님께 전적으로 속한다는 것이요, 영원한 사랑과 생명으로 태어난다는 것이다. 치유란 몸의 상태보다는 하나님 나라를 먼저 구함으로 우리 마음의 가장 깊은 갈망을 이루는 것과 더 연관이 깊다.

그런 의미에서 본다면, 죽음과 대면한다는 것이 애달플 이유가 전혀 없다. 그러한 대면은 오히려 하나님의 사랑을 받는 아들딸로서 사는 것을 기뻐할 계기가 된다. 길든 짧든 우리의 마지막 날을 장차 올 세상과 단절 없이 이어진 날로 바라볼 수 있다. 우리를 만드시고 우리가 태어나기 전부터 우리를 '사랑받는 자' 라 부르신 하나님이 우리와 함께 거하시며 우리 안에 사신다. 아무것도 우리를 그리스도 안에 있는 하나님의 사랑에서 끊을 수 없다. 우리가 한사코 무시하거나 피하고 싶어하는 죽음이라는 현실도 예외는 아니다. 생사를 막론하고 기쁘게 살려면 예측 못할 매일의 사건 속에서 하나님의 사랑의 음성을 분별하는 법을 배워야 한다. 그런 영원한 시각으로 매일의 실존을 살아가지 못할 때가 얼마나 많은지! 이런 깨달음은 우리의 결말뿐 아니라 일상 생활과도 관계가 밀접하다.

한계 위로 날아가는 인생

그러나 이 일상 생활은 우리에게 내면의 상처와 외부의 시련을 끊임없이 확인해 준다. 가족 간에 일어난 다툼, 일터에서 받는 압력, 친구와 겪는 갈등은 우리를 왜소하고 초라한 기분에 빠지게 한다. 질병이나 만성적 통증은 우리 육체의 연약함을 실감케 한다. 우리는 남에게 상처를 입혔거나 잘못 선택한 일에 대해 죄책감이나 수치심을 느낄 때가 많다. 인간의 한계에 꼼짝없이 갇힌 기분이 들 때도 있다. 내 기대에 매사가 얼마나 못 미치는지 뼈저리게 느낀다.

이렇게 덫에 갇힌 듯한 상태에서 벗어나려고 우리는 각방으로 노력한다. 돈이 더 많거나, 직업이 바뀌거나, 배우자가 바뀌거나, 집이 더 좋거나, 식사나 운동 프로그램을 바꾸거나, 자기 이해를 더 깊이 하면 혹 벗어날 수 있을지 모른다고 생각한다. 이 모든 접근은 아래로부터 변하려고 애쓰는 것뿐이다. 가시덤불에 걸린 것처럼 빠져 나오려고 몸부림칠수록 더 얽혀들 뿐이다.

물론 상황 변화를 위해 노력해야 할 때도 있다. 간혹 마음이 불안해지는 일도 얼마든지 있을 수 있다. 본래 우리 마음은 부스러기 삶이나 감질나는 사랑으로는 만족하지 못한다. 우리는 삶도 사랑도 전체를 갈망한다. 하나님이 우리 마음을 만드실 때 자신의 무한한 마음을 떼어 주셨기 때문이다. 우리는 현재 모습 이상의 존재가 되기 원한다.

그러나 우리가 제창하는 변화, 즉 우리의 해답과 새로운 프로그램과 자구책은 결국 우리를 자유케 하지 못한다. 결국 죽음에 이르고 만다는 제약을 벗어날 수 없기 때문이다. 우리는 결국 죽을 것이며, 이 땅의 한계에서 벗어날 수 없다. 우리는 언젠가 죽는다는 사실을 알고 살아야 한다.

물론 이런 사실이 우리를 낙심케 할 수 있고 절망에 빠지게 할 수도 있다. 그러나 우리는 삶에서 생기는 실망의 한복판에서 오히려 언젠가 죽을 수밖에 없는 우리의 한계를 희망으로 바라볼 기회를 얻을 수도 있다. 출생과 취학과 대학 진학과 결혼과 첫 취직과 은퇴, 이 모든 것은 우리에게 친숙한 것을 떠나보내는 기회가 된다. 그런 사건들은 우리 삶에 '작은 죽음'으로 찾아와, 우리에게 두려움과 사랑이 동시에 태어난다는 사실을 일깨워 준다. 우리 실존 속에서 두려움과 사랑은 절대로 완전히 분리되지 않는다. 이런 작은 죽음과 접하면서 우리는 삶을 만난다. 이를 통해 떠나보내는 법을 배운다. 이전에 알던 것과 다른 삶을 발견할 자세를 갖춘다.

삶이란 떠나는 법을 훈련하는 학교다. 죽음을 훈련하고, 과거에 자신을 묶던 끈을 끊는 것이 고된 수행의 참뜻이다. 비로소 그럴 때, 우리가 말하는 죽음은 깜짝 놀랄 사건이 아니라 전인(全人)의 자리에 이르는 많은 문 중 마지막 문이 된다.

 인생의 수평선 너머를 의식하며

우리는 이렇게 죽음과 가까이 살면서도 왜 죽을 준비를 하지 않을 것일까? 우리 문화에서 죽음 회피 현상을 많이 본다. 우리는 멋진 화장술과 상투적인 표현으로 죽음을 덮으려 한다. 죽음을 피할 수 없다는 사실과 고난에서 좋은 것이 나올 수 있다는 것은 생각조차 하지 못한다. 아파하는 사람을 보면 멀찍이 떨어져 있으려 한다. 누군가 죽으면 그 죽음과 온전히 대면하지 않으려 한다. 우리는 '작고했다, 세상을 떠났다'는 표현을 쓴다. 모든 인간이 죽는다는 것은 불변의 사실인데도 우리는 죽음이야말로 가장 비현실적인 일이라도 되는 듯 이를 부정한다. 우리 사회에서 사람을 묻는 방식이, 내 눈에는 죽음의 실체를 교묘히 부정하는 방식으로 보인다. 우리는 죽음이 보이지 않게 가린다. 사랑하는 사람이 죽으면 꽃으로 시신을 둘러싸 놓고는 위안용으로 사치스레 꾸민 방에서 운다. 대개는 시신을 보지 않으며, 보더라도 아이들한테는 보이지 않는다.

내 친구 중 하나는 새장에 작은 새 한 마리를 키운다. 그런데 어느 날 아침에 새가 죽었다는 것이다. 어린 아들이 죽은 새를 볼까 봐 매우 걱정한 친구는, 아들이 알아차리기 전에 황급히 가게로 달려가 다른 새를 사다 새장에 넣어 두었다. 친구는 우리가 영원히 살지 않는다는 사실을 아들에게 알려 주고 싶지 않았다. 애써 바꿔 넣은 새는 이전의 새가 아니고 또 그럴 수도 없지만 그 사실은 별로 중요하지 않았다. 두려움에서 나온 그의 신념이 무심코 드러난 사건이었다. 그 신념이란, 생명은 단 하나뿐이라는 사실을 대수롭지 않게 여겨서라도 어떻게든 죽음을 피해야 한다는 것이었다.

대인 관계에서 우리는 때로 '인생 불멸'의 환상을 믿는 것처럼 행동한다. 우리가 서로 비교적 짧은 동안만 볼 수 있다는 사실을 잊어버린다. 당신이나 내가 내일, 다음 주, 내년에는 이곳에 없을 수 있다는 사실을 잊는다. 그렇게 죽음을 회피하기만 하면 삶을 한없이 소중한 것으로 아끼지 못한다.

　　죽음을 회피하지는 않지만 미화하는 경우도 있다. 죽음을 부정하는 우리 문화 현상에는 오래 전부터 모순 같은 단짝이 따라다닌다. 바로 죽음에 매혹되는 현상이다. 폭력의 암울한 이미지와 엽기를 부추기는 노랫말이 넘쳐 나는 대중문화에서, 군비 예산과 전쟁 장비에 수십억 달러를 책정하고 전쟁을 미화하는 국제 무대에서 그런 유혹을 볼 수 있다. 우리는 죽음과 임종에 합당한 비애 대신 비현실적이고 감상적인 시각을 떠받든다.

　　그러나 예수님이 우리에게 가르치시는, 죽음에 대한 시각은 단순 명료하다. 요한복음에서 예수님이 나사로를 살리시는 장면을 생각해 보라. 우리는 기사 속에 등장하는 구경꾼처럼 죽은 사람이 살아나는 기적 자체만 원한다. 치유하신다는 약속은 보지만 우리를 돌보시고 우리 고난에 동참하시며 우리 아픔을 나누고자 하시는 그분은 잘 보지 못한다. 예수님은 눈물을 흘리셨고 비통한 슬픔 때문에 아버지께 기도하셨건만 우리는 그 눈물과 슬픔을 보려 하지 않는다.

　　그러나 예수님은 우리가 직면하지 않고 피하는 것을

원치 않으신다. 그분이 나사로가 죽은 지 한참 지나서야 그 통곡과 비애의 장소에 오신 것은 결코 우연이 아니다. 나사로가 아프다는 전갈을 그분은 이미 며칠 전에 받으셨다. 그러나 그분은 기다리셨다. 나사로가 정말 죽었다는 사실을 아무도 의심할 수 없게 하시려 한 것은 아닐까? 예수님이 무덤을 열라고 하시자 나사로의 누이인 마르다는 이렇게 말했다. "죽은 지가 나흘이 되었으매 벌써 냄새가 나나이다"(요 11:39). 예수님의 회생 명령은 그분의 심령 깊은 곳에서 우러난 탄식과 눈물에서 비롯된 것이다.

우리의 죽음은 영광의 신호가 될 수 있다. 예수님은 우리의 삶이 정말 얼마나 소중한지 보여 주셨다. 그분은 우셨고 슬퍼하셨다. 그 슬픔의 순간에 새 생명이 태어났다. 우리는 죽음을 통해 생명과 깊이 접촉한다. 어릴 때 나는 죽음과 고통이 싫었다. 예외가 되고 싶었다. 그러나 하나님이 내가 죽음의 경험에 동참하기 원하신다는 것을 이제는 안다. 내가 그렇게 할 때 그분은 그 속에서 내 희망을 더 굳게 하실 것이다.

# 상실 바구니에 담긴 보화

죽음 자체만 우리를 불안하게 하는 것은 아니다. 죽어 가는 과정도 우리를 불안하게 한다. 몸과 마음의 점진적 쇠퇴, 퍼져 가는 암의 고통, 주변 사람들에게 짐이 된다는 생각, 몸을 가누지 못하는 무기력한 상태, 최근의 사건이나 가족의 이름을 잊어버리는 버릇, 사랑하는 이들이 '나를 보호하기' 위해 내게 사실의 일부만 알릴 것 같은 의혹 등이 모든 것이 우리를 두렵게 한다. 때로 우리 입에서 이런 말이 나오는 것도 무리는 아니다. "오래 걸리지 않아야 할 텐데. 질질 끄는 질병이 아니라 차라리 예기치 않게 심장마비로 죽으면 좋겠는데." 자신의 마지막 퇴장마저 관리하고 지휘하고 싶은 것이다.

그러나 언제 어떻게 죽든 우리는 결국 죽음의 세부 사항을 주관하려는 고집을 버려야 한다. 죽음이란 무엇인가? 나도 모르고 당신도 모른다. 다만 죽음이 각 사람에게 매우 독특하게 찾아온다는 것을 알 뿐이다. 예측할 수 있는 사람은 아무도 없다. 그러나 이 한 가지는 분명하다. 죽음을 통해 우리는 뛰어내린다. 내려놓는다. 맡겨 드린다. 지금까지 편안한 줄 알았던 안전한 장소를 포기한다. 기꺼이 하든 그렇지 않든 우리가 하는 일은 이뿐이다. 죽음은 때로 시내 광야처럼 메마르고, 십자가처럼 외롭게 우리를 찾아온다. 믿음의 조상들을 생각해 보라. 모세는 이스라엘 백성을 이집트에서 이끌고 나갈 때 그 앞길을 다 세세하게는 몰랐다. 예수님은 십자가에서 "나의 하나님, 나의 하나님, 어찌하여 나를 버리셨나이까"(마 27:46)라고 부르짖으며 섬뜩한 어둠 속으로 뛰어드셨다. 그런데도 그분은 십자가에서 내려오지 않으셨다. 그런데도 그분은 세상을 구원하시는 아버지의 뜻을 이루셨다.

우리 삶 너머에 무엇이 있을지 우리는 모른다. 미래에 대해 아무것도 확실히 예측할 수 없다. 미지의 빈 공간을 자신이 이루고 싶은 소원으로 구체적으로 채우려는 공상 속의 모든 시도는 우리의 소망이 강하다는 증거가 아니라 오히려 믿음이 약하다는 증거다. 믿음은 우리에게 뛰어내리라 한다. 맡기라 한다. 어딘가에서 어떻게든 그분이 우리를 붙잡아 집으로 데려가실 것을 믿으라 한다.

그런 믿음이 있기에 우리는 죽는 과정을 공포나 회피를 넘어선 태도로 맞이할 수 있다. 예측할 수 없다고 무조건 무시하지 않기 때문에 오늘의 삶을 한결 잘 살 수 있다. 죽는 법을 배우면 '나는 하나님의 자녀요 그분의 사랑은 죽음보다 강하다'는 사실을 날마다 온전히 인식하며 살아간다. 그런 삶을 배울 때 우리는 소유에 집착하지 않으며, 두려움을 이기지 못해 지금 이곳에서 붙들 수 있는 안전지대를 확보하려 하지 않는다. 처음에는 이런 변화가 조금씩 나타난다. 우리는 내일 일이 어떻게 될지, 사랑하는 사람들이 어떻게 말하고 어떻게 행동할지, 하나님이 한 해 동안 어떻게 인도하실지 모른다고 솔직히 인정한다. 그렇게 인정해도 낙심하지 않는다. 모험을 택하지 않는 한 영영 알 길이 없다는 사실도 잘 알기 때문이다.

현재를 즐기면서도 잠시라도 내일의 삶 속에 힘겨운 순간과 불확실한 일과 죽음을 피할 수 없다는 것을 일깨우는 사건이 생길 것을 알 때마다, 우리는 우리가 믿는 위대한 타자(他者)이신 그분께 손 내미는 법을 배울 수 있다. 안전한 곳을 떠나 새로운 땅의 탐험에 나서는 것이다. 내 소유와 지식과 축적물에 매달리고 싶은 욕구에 숨어 있는 타고난 보수주의 성향과 벽을 깨뜨려야 한다. 이렇게 내어드림을 통해 우리는 자유로움을 맛본다. 불안을 희망으로, 죽음을 탈출로 바꾸는 법을 배운다.

영광의 모습으로 변한 순간 예수님이 모세와 엘리야로 더불어 나누신 대화를 잊지 말라.

예수께서 베드로와 야고보와 요한을 데리시고 따로 높은 산에 올라가셨더니 저희 앞에서 변형되사 그 옷이 광채가 나며 세상에서 빨래하는 자가 그렇게 희게 할 수 없을 만큼 심히 희어졌더라 이에 엘리야가 모세와 함께 저희에게 나타나 예수로 더불어 말씀하거늘 베드로가 예수께 고하되 랍비여 우리가 여기 있는 것이 좋사오니 우리가 초막 셋을 짓되 하나는 주를 위하여, 하나는 모세를 위하여, 하나는 엘리야를 위하여 하사이다 하니 이는 저희가 심히 무서워하므로 저가 무슨 말을 할는지 알지 못함이더라 마침 구름이 와서 저희를 덮으며 구름 속에서 소리가 나되 이는 내 사랑하는 아들이니 너희는 저의 말을 들으라 하

는지라 문득 둘러보니 아무도 보이지 아니하고 오직 예수
와 자기들뿐이었더라

저희가 산에서 내려올 때에 예수께서 경계하시되 인자
가 죽은 자 가운데서 살아날 때까지는 본 것을 아무에게
도 이르지 말라 하시니 저희가 이 말씀을 마음에 두며 서
로 문의하되 죽은 자 가운데서 살아나는 것이 무엇일까
하고 이에 예수께 묻자와 가로되 어찌하여 서기관들이 엘
리야가 먼저 와야 하리라 하나이까 가라사대 엘리야가 과
연 먼저 와서 모든 것을 회복하거니와 어찌 인자에 대하
여 기록하기를 많은 고난을 받고 멸시를 당하리라 하였느
냐(막 9:2-12).

이렇듯 눈부신 환희로 빛나는 순간에도 예수님은 자신
의 고난과 죽음을 말씀하신다. 예수님은 애굽에서 약속의
땅에 이른 출애굽 지도자와 더불어, 죽음을 통해 부활에 이
르는 마지막이자 새로운 출애굽을 말씀하신다. 이 출애굽
은 그분을 따르는 모든 사람을 위한 출애굽이다. 그 일을
이루기 위해 그분은 어둠을 지나 빛으로, 고난을 지나 구원

으로, 아픔을 지나 치유로 가는 길을 걸어야 하셨다. 하나님은 그분을 도우셨고 그 죽음에서 생명을 이끌어 내셨다.

죽음이 우리 현재의 일부가 되지 못한다면 결코 미래로 들어가는 우리의 출애굽도 일어날 수 없다. 자신의 조건과 지식과 소유에 매달리고 싶은 욕구를 떨쳐 버릴 때, 우리는 하나님께 내어 드리는 믿음을 통해 자유를 얻는다. 그럴 때 근심은 우리를 절름발이로 만들지 못하고 오히려 미래를 기쁨으로 내다보게 한다. 예측하거나 완전히 볼 수 없는 자신의 죽음까지도 말이다. 사실 신약 성경은 영생을 지금 시작하는 것으로 그린다. "보라 아버지께서 어떠한 사랑을 우리에게 주사 하나님의 자녀라 일컬음을 얻게 하셨는고 우리가 그러하도다… 사랑하는 자들아 우리가 지금은 하나님의 자녀라 장래에 어떻게 될 것은 아직 나타나지 아니하였으나 그가 나타내심이 되면 우리가 그와 같을 줄을 아는 것은 그의 계신 그대로 볼 것을 인함이니"(요일 3:1-2).

 ## 변치 않기에 소중한 약속

그런 실체가 확실하다고 해서 우리의 성장하는 믿음에 시험이 없다는 뜻은 아니다. 우리는 때로 죽음 앞에서 버림받은 기분을 느낀다. 신약 성경이 죽음을 '마지막 원수'라 부르는 이유가 있다(고전 15:26). 예수님은 십자가에서 죽음을 만나셨지만 거기에는 엄청난 대가가 뒤따랐다. 그분은 친히 고뇌에 찬 시편 22편 말씀을 빌어, 버림받은 심정을 토로하셨다. 죽음은 때로 버림받음을 뜻할 수 있다. "내 하나님이여 내 하나님이여 어찌 나를 버리셨나이까"(시 22:1).

죽음의 순간에 터져 나온 예수님의 이 절규는, 우리도 하나님이 결국 약속을 지키시며, 고뇌의 한복판에서도 우리와 함께하신다는 것을 믿으면서 이 시편 말씀으로 기도할 수 있다는 것을 일깨워 준다. 시편 기자가 철저히 버림받은 느낌 속에서도 하나님을 부르고 있다는 사실을 잘 보라. 버림받은 듯한 극도의 고통 속에서 "내 하나님이여 내 하나님이여" 하는 친밀한 기도가 터져 나온다. 시편 기자는 하나님이 자기에게서 눈을 떼셨을까 두려워하면서도 바로 그 하나님을 부르고 있고 앞으로도 부를 것이다. 하나님이 우리의 간구에서 아득히 멀리 계시는 듯이 보여도 우리는 여전히 그분께 나아간다.

사실 시편 기자는 자신을 노리는 개들의 발톱 앞에 몸을 사리면서도 하나님의 손길을 느낀다. 그는 사자의 입에서 하나님의 말씀을 기다린다. 황소 뿔을 막고 자신을 덮으시는 하나님의 자상한 돌보심을 알게 된다. 불의를 당하며 온몸이 병든 중에도 그는 전능자의 손길을 느낀다. 악한 무리에 둘러싸여 있을 때도 함께하겠다는 하나님의 초청의 소리를 듣는다. 하나님의 말씀을 생각하는 것이다. "우리 열조가 주께 의뢰하였고 의뢰하였으므로 저희를 건지셨나이다"(시 22:4).

이 시편 기자만 생각할 게 아니다. 자신을 죽이려는 자들을 위해 기도하신 십자가의 예수님만 생각할 게 아니다. 수용소에서 자신을 고문하는 자들을 위해 기도하던 유대인들을 생각해 보라. 수단이나 남아프리카공화국에서 사지가 뒤틀린 채 하나님을 부르는 사람들을 생각해 보라. 그리스도의 여정은 십자가에서 끝나지 않았다. 엠마오 도상에서 우리는 절망이 희망으로 바뀌는 장면을 본다. 죽음을 이기신 예수님이 제자들에게 나타나실 때마다 우리는 또 다른 길의 그림을 본다. 그 확실한 길이 있기에 우리는 절망하지 않는다. 그 길이 있기에 우리는 생명에서 죽음으로 가는 여정이 결국은 죽음에서 생명으로 가는 여정이라는 희망을 잃지 않는다.

 영원한 나라에서 다시 만날 약속

자신의 죽음을 내다보시면서 예수님은 아직도 혼란스러워하고 두려워하는 제자들에게 "내가 떠나가는 것이 너희에게 유익이라"(요 16:7)고 말씀하셨다. 이날 예수님의 가르침의 주제는 떠남이었다. 그분은 평안을 빌며 작별을 고한 뒤, 남겨 두고 떠나신다는 것을 말씀하셔야 했다. 그런 말을 들으면 우선 우리는 슬퍼질 것이다. 배와 비행기와 기차가 머나먼 목적지를 향해 떠나는 곳에 가 보았다면, 누구나 그곳에서 많은 눈물을 보았을 것이다. 가깝게 지내던 사람들이 헤어지기 때문이다.

그러나 예수님의 작별은 분위기가 다르다. 그분은 자신의 가슴 아픈 떠남을 하나의 약속으로 선포하신다. "내가 떠나가는 것이 너희에게 유익이라 내가 떠나가지 아니하면 보혜사가 너희에게로 오시지 아니할 것이요 가면 내가 그를 너희에게로 보내리니"(요 16:7). 이 말씀 속에서 이별은 치명적인 힘을 잃는다. 제자들은 이제 예수님을 보지 못하겠지만 예수께서 보내실 성령의 변치 않는 임재를 누리게 될 것이다. 고통과 기쁨, 불안과 자유, 친구를 잃음과 친구를 얻음이 이제는 서로 싸우지 않고 오히려 이 깊은 희망의 감격 속에 하나로 녹아든다. 그 희망은 종종 우리의 표현을 초월한다. 이 모두가, 가장 소중한 것을 상실해도 하나님이 곁에 오셔서 우리의 가장 친한 친구가 돼 주시기에 가능하다.

그렇다면 우리는 자신의 죽음에만 직면할 것이 아니라 내가 알고 사랑하고 함께 사는 이들의 죽음도 기꺼이 인정해야 한다. 떠남은 삶의 한 조건이다. 그리스도인이 성장하는 한 조건이다. 예수님의 작별은 우리의 인생을 친숙한 것에서 영원한 것을 향해, 잠깐 누리는 것에서 언젠가 영원히 누릴 것을 향해 끊임없이 떠나는 과정으로 이해하라는 조용한 부르심이다. 우리는 다른 사람들의 떠남도 겪게 될 것이다. 그들도 이 세상의 불가피한 전환인 죽음에 동참한다.

소중한 사람들을 떠나 보낼 때 그들을 위해서나 자신을 위해서나 도움이 될 사항을 염두에 두어야 한다. 어머니의 안전한 품을 떠날 때 우리는 스스로 호흡하며 자아를 찾는 길에 들어설 준비가 된 것이다. 내가 관심의 중심이던 가까운 가족의 반경을 떠나 학교에 갈 때 우리는 자신의 잠재력을 테스트하고 새 친구들을 사귈 기회를 얻는다. 대학에 입학하여 집을 떠날 때 우리는 그간 누렸던 많은 것들을 재평가하여 스스로 의미 있게 여기는 것들을 통합할 자유를 얻는다. 결혼하거나 종교인의 삶에 들어서 부모를 떠날 때 우리는 내 가정을 꾸리고 남에게 삶을 내어 주는 도전을 경험할 수 있다. 그리고 일에서 은퇴할 때 우리는 오랫동안 미뤄 온 삶의 여러 가지 기본적 차원을 해결할 기회를 얻는다.

이렇듯 삶은 떠남의 연속이다. 과거를 떠나 더 많은 독립과 더 많은 자유와 더 많은 진리에 이르는, 과거로부터 죽는 것의 연속이다. 우리의 마지막 떠남은 평생 그토록 얻으려 했던 최후의 독립과 자유와 진리를 우리에게 준다. 나에게 그럴진대 내가 사랑하는 이들에게는 왜 그렇지 않겠는가?

그것이 사실이라면 죽음은 이제, 모든 노력을 망쳐 놓고, 삶의 모든 시도를 조롱거리로 만들며, 모든 창의력을 무의미한 조각들로 부숴 버리는 인간의 잔인한 운명이 아니다. 죽음은 더 깊은 이해의 전조다. 그리스도의 떠남에 비추어 우리는, 죽음에도 불구하고 사랑하는 것이 아니라 죽음 때문에 사랑할 수 있다고 고백할 수 있다. 이런 이야기가 있다.

옛날에 어떤 큰 도시에 한 청년이 살고 있었다. 저녁마다 그는 똑같은 식당에 가 똑같은 자리에서 식사를 했다. 이 청년은 몹시 외로웠다. 그러던 어느 날 언제나 앉는 식탁에 예쁜 장미 한 송이가 꽂혀 있는 것을 보았다. 꽃을 보자 마음이 훈훈해졌다. 그는 날마다 식당에 찾아와 장미를 쳐다보며 식사했다. 슬플 때도 있고 행복할 때도 있고, 심드렁할 때도 있고 화가 날 때도 있었다. 문득 자기 기분은 그렇게 늘 다른데 장미는 항상 똑같다는 생각이 들었다. 이해가 안 갔다.

그래서 그 청년은 아주 조심스레 장미를 만져 보았다. 전에는 감히 생각조차 못한 일이었다. 딱딱한 잎사귀 가장자리를 만지는 순간 장미가 생화가 아니라는 것을 깨달았다. 정교한 조화였다. 청년은 화가 나 자리를 박차고 일어나 물 없는 꽃병에서 장미를 뽑아서는 손으로 으스러뜨리고 말았다. 그리고는 울었다. 전보다 훨씬 더 외로웠다.

본래 우리는 죽지 않는 것을 사랑하도록 지음받은 존재가 아니다. 무엇과도 바꿀 수 없는 것, 유일무이한 것, 죽는 것, 그것만 우리 인간의 가장 깊은 감성을 건드리며 희망과 위로의 원천이 될 수 있다. 하나님은 죽는 인간이 되셔서야 우리가 사랑하는 대상이 되셨다. 그분이 우리의 구주가 되신 것은, 반드시 죽을 수밖에 없는 그분의 실존과 죽음이, 죽음으로 끝나는 것이 아니라 희망에 이르는 길이었기 때문이다.

많은 사람들이 우리 곁을 떠났다. 그리고 수많은 사람들이 떠나고 있다. 위대한 지도자도 있고, 친한 친구도 있고, 비록 안면은 없지만 삶의 일부인 다른 많은 사람들도 있다. 우리가 그들을 사랑한 것은 그들이 다른 것으로 대치할 수 없는 존재이기 때문이요, 인간이기 때문이다. 그리스도의 떠나심을 통해 비로소 우리는 오늘 같은 날도 희망의 날일 수 있음을 깨닫는다. 성령이 임하실 길이 열리는 날, 꼭꼭 닫힌 두려움의 문을 열어 우리를 온전한 자유와 온전한 진리에 이르게 하는 날. 그리고 감사에 이르게 하는 날로 말이다. 소설 *My Name is Asher Lev*(내 이름은 애셔 레브)의 주인공이자 내레이터도 그것을 깨달았다. 주인공은 어려서부터 화가가 되고 싶었다.

그래서 나는 언젠가 우리 아버지가 우리 집 근처 길 위에 옆으로 누워 있는 새 한 마리를 쳐다보던 모습도 그렸다. 마침 그날은 안식일이라 회당에서 돌아오는 길이었다.
"새가 죽었어요, 아빠?" 당시 여섯 살이던 나는 새를 쳐다볼 마음이 안 났다.

“응.” 슬프고 허망한 듯한 아버지의 목소리가 들렸다.

“왜 죽었어요?”

“살아 있는 것은 다 죽는 법이란다.”

“다요?”

“응.”

“아빠도? 엄마도?”

“응.”

“나도?”

“응.” 그리고 나서 아버지는 이렇게 덧붙였다…” 하지만 애서, 네가 오래오래 살고 난 뒤에 그렇게 돼야지.”

나는 이해가 안 갔다. 나는 억지로 새를 보았다. 살아 있는 것은 다 언젠가 저 새처럼 움직이지 않게 된다고?

“왜요?” 나는 물었다.

“하나님이 세상을 그렇게 만드셨단다, 애서.”

“왜요?”

“그래야 삶이 소중해지지, 애서. 영원히 네 것인 것은 소중한 것이 아니거든.”[1]

더할 수 없는 참된 치유

"사랑의 음성을 듣고, 참된 자유를 맛보고, 가장 깊은 마음속 갈망을 이룰 수 있는 것이 최후의 치유가 된다오." 내 친구가 임종시 들려준 말이다. 삶을 좀 더 살짝 붙들고 자신을 하나님께 내어 드린다면 우리는 하나님과 더 가까이 살게 되고 전보다 더 감사가 넘칠 것이다. 하지만 아마 더 많은 인기와 성공은 누리지 못할 것이다. 죽음이란 자신을 내어 주는 것이요, 자신을 하나님께 맡기는 것이다. 우리가 받는 것은 세상의 성공보다 손으로 만질 수 없는 것이 더 많다. 사실 단순해 보인다.

라르쉬 공동체 예배 시간에 나는 성찬식 인도를 준비하고 있었다. 장애 때문에 말을 거의 못하는 한 자매가 앞으로 나와 (더듬거리며) 내게 말했다. "저를 축복해 주실 수 있나요?"

"물론입니다!" 나는 대답했다. 그리고는 예복 소맷자락이 길게 휘날리는 손과 팔을 들어 정식으로 기도해 주려 했다.

그러자 여자가 가로막으며 말했다. "아니요. 진짜 축복 말이에요."

여자는 포옹을 원했다! 내 존재 전체를 쏟아 부어 주기 원했던 것이다. 물론 나는 소원을 들어준 뒤 여자에게 이렇게 말했다. "자매님은 하나님의 사랑받는 딸입니다. 그리고 아주 독특한 존재입니다." 그러자 여자는 만족했다.

그 즉시 공동체의 다른 멤버가 말했다. "저도 해 주세요." 곧 사람들은 더 많이 몰렸다. 대학 졸업 후 우리 공동체에 와 함께 살며 섬기고 있던 스물다섯 살 된 협력자도 앞으로 나왔다. 나는 그에게 말했다. "에반, 형제가 여기 있어 얼마나 기쁜지 모릅니다." 그리고 그를 끌어안으며 말했다. "내가 끌어안고 있지만 실은 하나님이 형제를 끌어안고 '너는 내 사랑하는 아들이라'고 말씀하십니다. 그 말씀을 믿고 말씀 안에 살아가십시오." 그의 온몸에서 긴장이 풀렸다. 여태 아무에게서도 그런 말을 들어본 적이 없는 것 같았다. 그러나 이제 그는 그 말을 들을 준비가 돼 있었다.

축복을 구하는 법을 우리에게 처음 가르쳐 준 이들은

가난한 이들, 우리 가운데 있는 장애인들이었다. 가장 고통이 심한 이들이 먼저 길을 열어 자신의 어려운 상황 속에서 우리에게 깊은 교훈을 가르쳐 주었다. 장애 때문에 우리 대다수 사람보다 어린 나이에 죽을 가망성이 높은 사람들이 모든 생명의 심장에 깃들인 깊은 갈망을 들추어냈다. 그들은 꺼지지 않는 희망을 발견했다.

아무리 부정해도 결국 아무도 죽음의 실체를 피할 수 없다. 아무도 태어날 때부터 물려받은 많은 '한계'를 임의로 되돌릴 수 없다. 새로운 물체가 아니라 누군가 인격적 존재가 우리를 건져내 자유케 해야 한다. 위에서 온 분이어야 한다. 예수님은 우리에게 말씀하신다. "나는 너에게 내 사랑과 내 마음과 내 호흡인 성령을 주고 싶다. 너를 안아 내 사랑의 교제권에 들어오게 하고 싶다. 네가 죽은 후가 아니라 지금, 이 생 속에서 말이다. 그래서 네게 용서와 사랑과 자유를 느끼게 해 주고 싶다."

물론 사랑하는 이들에게 죽음이 찾아올 때 우리는 여전히 슬픔으로 몸부림치며, 자신에게 죽음이 닥쳐올 때 여전히 겁을 낸다. 그러나 그러한 고통은 새 생명을 낳는 해

산의 진통에 가까운 것이다. 세상에 새 생명이 나오게 하는 진통 말이다. 죽음을 부정하거나 거부하지 말라. 우리의 슬픔에 하나님을 모셔들이면 결코 홀로 걷지 않을 것이다.

죽음에 직면할 때 결국 우리는 삶을 더 잘 살 수 있다. 그리고 슬픔의 밤을 지나 희망의 아침에 이를 때까지 하나님의 기쁨으로 더 잘 춤출 수 있다.

주

2. 움켜쥠에서 내려놓음으로
   1. C. S. Lewis, The Four Loves (New York: Harcourt, 1960), 169.
      (「네 가지 사랑」, 생명의 말씀사)
   2. Simone Weil, Waiting for God (New York: G. P. Putnam's, 1951),
      111-112.

3. 운명론에서 희망으로
   1. Albert Nolan, Jesus Before Christianity (Maryknoll, N.Y.: Orbis,
      1976, 1978), 32.
   2. Weil, Waiting for God, 109-111.
   3. Thomas Merton, The Literary Essays of Thomas Merton,
      Brother Patrick Hart 편집 (New York: New Directions, 1981).

4. 감정의 조종에서 순전한 사랑으로
   1. Arno Gruen, The Betrayal of the Self (New York: Grove, 1988),
      281.
   2. Thomas Merton, Contemplation in a World of Action (New
      York: Doubleday, 1973), 178-179.
   3. Sergius Bolshako Russian Mystics (Kalamazoo, Mich.:
      Cistercian, 1977), 253.
   4. Martin Luther King Jr., Strength to Love (Philadelphia: Fortress,
      1981), 47-55.

5. 두려운 죽음에서 환희의 삶으로
   1. Chaim Potok, My Name is Asher Lev (New York: Knopf, 1972), 156.